스트레스의 재발견

나를 더 성장시키는 스트레스의 힘

스트레스의 재발견

나카타니 아키히로 지음 ― 이선희 옮김

BOOK AGIT

이 책은 세 사람을 위해 썼다

장시간 노동에 스트레스를 받는 사람

인간관계에 스트레스를 느끼는 사람

상대의 스트레스를 없애주고 싶은 사람

"스트레스는 좋지 않다"는 생각이 스트레스가 된다.
스트레스를 지녀야 더 즐겁고 행복하게 일할 수 있다.

-나카타니 아키히로

인식을 바꾸면
스트레스는 활력이 된다

대부분의 현대인은 다음과 같이 생각한다.

"스트레스란 말만 들어도 골치가 아프다."

"스트레스란 말만 들어도 저절로 한숨이 나온다."

"스트레스란 말만 들어도 가슴이 덜컹 내려앉는다."

"아, 도대체 스트레스는 어떻게 해야 없앨 수 있을까?"

하지만 단연코 이렇게 생각하는 사람은 없다.

"스트레스는 없애는 게 아니다. 활용해야 하는 것이다!"

많은 사람이 착각하는 한 가지가 있다. 바로 스트레스는 좋지 않
을 거라는 생각이다. 그 생각이 마음 밑바닥에 깔려 있어서, 스트레

스란 말만 들어도 고개를 돌리고 외면하려고만 한다. 조금만 힘들어도 "나는 지금 스트레스를 받고 있다" "나는 지금 스트레스에 짓눌려 있다"고 생각하며 고통에 몸부림친다. 일이 잘 풀리지 않는 원인을 모두 스트레스 탓으로 돌리며, 정작 내가 무엇 때문에 힘든지는 그 본질을 잊고 만다.

사람에게는 일류와 이류가 있다. 일류는 자신의 꿈을 향해 한 걸음씩 나아가는 사람이고, 이류는 현재에 머물러 있거나 오히려 뒷걸음질 치는 사람이다.

스트레스를 바라보는 일류와 이류의 시각은 다를 수밖에 없다. 스트레스를 어떻게 대하느냐에 따라 우리는 일류가 될 수도 있고 이류가 될 수도 있다. 즉, 일류에게는 일류의 스트레스가 있고 이류에게는 이류의 스트레스가 있다고 할 수 있겠다.

스트레스라고 모두 나쁜 것은 아니다. 어떻게 활용하느냐에 따라 좋은 스트레스가 될 수도 있고 나쁜 스트레스가 될 수도 있다. '좋은 콜레스테롤'과 '나쁜 콜레스테롤'이 있는 것과 마찬가지로 생각해 볼 수 있다.

예전에는 '콜레스테롤'이라고 하면 모두 나쁘다고만 생각했었다.

하지만 지금은 어떤가? 좋은 콜레스테롤과 나쁜 콜레스테롤이 있다는 사실이 밝혀졌다. 혈관의 염증을 유발하는 나쁜 콜레스테롤이 있는가 하면 혈관을 청소해주는 좋은 콜레스테롤이 있다. 몸속에 좋은 콜레스테롤이 부족하면 우리는 면역력이 떨어지고 정신적으로 기운을 잃는다. 스트레스도 이와 마찬가지다. 스트레스가 완전히 없어지면, 우리는 육체적으로나 정신적으로 문제를 겪을 수 있다.

어떻게 하면 '스트레스'라는 말에 얼굴을 찡그리지 않고, 인생의 활력으로 삼을 수 있을까? 방법은 간단하다. 스트레스에 대한 우리의 의식을 바꾸면 된다. 그러면 스트레스와 잘 지낼 수 있게 되고, 심지어는 스트레스를 즐길 수 있는 경지에 이르게 된다. 스트레스를 내 편으로 만들면 우리는 지금보다 몇 단계 더 성장할 수도 있다!

어떤가? 기대되지 않는가? 스트레스를 내 편으로 만드는 몇 가지 법칙만 이해한다면, 나의 인간관계는 즐거워지고 나의 커리어는 승승장구할 수 있다. 잘 따라올 준비가 되었는가? 그럼 지금부터 스트레스를 내 편으로 만드는 방법을 알아보도록 하자.

CHAPTER 1

스트레스 안에 ——— 기회가 있다

CHAPTER 2

스트레스를 대하는
 ——————— 자세에 답이 있다

CHAPTER 3

스트레스를 즐기면 ── 차이가 생긴다

CHAPTER 4

스트레스를 이용해서
앞으로 나아간다

CHAPTER 5

이류의 스트레스를
——— 일류의 스트레스로 만들자

스트레스는 인간과 떼려야 뗄 수 없는 존재가 되었다. 사람이 눈을 감는 그 날까지 스트레스가 졸졸 따라다니게 된 것이다. 이왕 이렇게 된 거 스트레스를 잘 사귀어두면 어떨까? 스트레스를 기분 좋게 받아들이는 사람의 스트레스는 마이너스가 되지 않는다. 스트레스를 겪는 사람이 '이를 어떻게 해석하느냐'가 스트레스의 운명을 좌우한다.

스트레스 안에 기회가 있다

01

'스트레스는 나쁘다'는
편견을 버려라

떼려야 뗄 수 없는 스트레스

현대인이 일상에서 가장 많이 듣거나 가장 많이 사용하는 단어 중 하나가 '스트레스'란 말이 아닐까? 일에서 받는 스트레스를 비롯하여 인간관계에서 받는 스트레스, 고객의 강압적인 태도에서 받는 스트레스, 거래처의 냉담한 반응에서 받는 스트레스, 하다못해 운전하면서 받는 스트레스까지…. 많은 사람이 온종일 스트레스라는 말을 입에 달고 산다. 몸이 아프거나 잠이 안 올 때조차 우리는 스트레스를 찾는다. '아, 이 모든 게 다 스트레스 때문이야!'

일반인만 그럴까? 병원에서도 우리는 이 말을 수도 없이 듣고는 한다. "요즘 스트레스 많이 받으시죠?" 소화가 안 되는 것도, 생리가 늦어지는 것도, 머리가 지끈지끈 아픈 것도 다 스트레스 때문이라고 전문가 역시 입을 모아 말한다.

스트레스 때문에 괴로워하는 사람은 자신이 스트레스를 느낀다는 사실을 이미 너무나 잘 알고 있다. 상사에게 잔소리를 들었다든지, 거래처에서 무리한 요구를 한다든지, 일이 잘 풀리지 않는다든지, 작은 문제로 가족과의 관계가 어색해졌다든지…. 이처럼 세상 모든 일에는 크고 작은 스트레스가 존재한다.

직장에 취직하거나 다른 부서로 옮기는 등 새로운 환경에 들어가는 사람도 누구나 처음에는 스트레스를 느낀다. 그렇다면 계속 같은 환경에 머무는 사람은 어떨까?

그들도 스트레스에서 자유롭지 못 하다. 그곳에는 따분함과 익숙함이라는 스트레스가 존재한다. 아무 자극이 없는 것도 스트레스가 되기 때문이다. 현대인에게 스트레스는, 거의 공기와 같다고 할 수 있다.

가정에서도, 직장에서도, 친구 관계에서도 스트레스는 인간과 떼려야 뗄 수 없는 존재가 되었다. 사람이 눈을 감는 그 날까지 스트레스가 졸졸 따라다니게 된 것이다. 이왕 이렇게 된 거, 스트레스를 피하지 말고 잘 사귀어두면 어떨까? 좋은 친구가 되는 것이다. 좋은 친구는 마이너스가 아닌 플러스로 작용할 수 있다.

스트레스는 좋지 않다는 편견을 버려라

친해지고 싶은 친구가 있다면 그가 어떤 사람인지를 아는 일이 중요하다. 성격은 어떻고, 좋아하는 음식은 무엇이고….

스트레스도 마찬가지다. 우리는 지금까지 스트레스에 대해 불평만 했을 뿐, 그 자체에 대해 이해하려고 시도해본 적이 없다. 스트레스를 인생의 좋은 친구로 만들기 위해 스트레스의 특징, 그 종류부터 알아보자.

스트레스에는 두 종류가 있다. 플러스 스트레스와 마이너스 스트레스다. 지금 자신이 느끼는 스트레스를 플러스로 만드느냐, 마이너스로 만드느냐에 따라 우리는 일류가 될 수도 있고 이류가 될 수도 있다.

스트레스를 마이너스로 만드는 사람, 즉 이류는 스트레스를 좋지 않다고 여기는데 사실은 그런 생각 자체가 스트레스보다 더 큰 문제를 초래한다. '스트레스를 느끼고 있다'는 생각이 스트레스를 만들기 때문이다.

스트레스를 기분 좋게 받아들이는 사람의 스트레스는 마이너스가 되지 않는다. 즉 스트레스를 겪는 사람이 '이를 어떻게 해석하느냐'가 스트레스의 운명을 좌우한다.

스트레스를 성장의 기회로 만드는 건 개인의 몫

스트레스는 '부하負荷'다. 부하란 피트니스 센터에서 자신이 들 수 있는 무게보다 더 무거운 아령을 들려고 하는 일과 같다. 자신이 예전에 해냈던 수준보다 더 잘하려고 하는 일을 우리는 부하라고 한다.

스스로에게 부하를 안겨주는 사람의 능력은 점점 위로 올라가게 되어있다. 바꿔 말하면 잘하려고 하는 스트레스가 원동력이 되어, 사람은 점점 더 성장할 수 있게 된다.

스트레스를 부하로 만들어 성장하느냐, 스트레스에 짓눌려 주저앉느냐는 스트레스를 대하는 주인의 마음가짐에 달려있다. 스트레스가 가진 속성 때문이다.

그 주인이 스트레스를 어떻게 대하느냐에 따라, 스트레스는 부정적으로 작용할 수도 있고 긍정적으로 작용할 수도 있다. 스트레스를 겪는 이유가 중요한 게 아니라 스트레스를 대하는 개인의 자세에 더 중요한 답이 있다.

●○● ─────────────────────────

스트레스를 바라보는 내 자세는 어떤가?

02

일의 초점을 '나'로 맞춰라

장시간 일하는 건 나쁘다?

최근 들어 일과 삶의 균형을 생각하는 사람이 많아지면서 장시간 근무가 사회 문제로 치부되고 있다. 사회 문제로까지 번지게 된 이유는 '장시간 근무 → 좋지 않음 → 스트레스'라는 생각이 우리를 강하게 지배하기 때문이다.

일명 '워라벨'이 급부상하면서 그 반대편에 있는 장시간 근무가 사회의 악, 우리의 삶을 망치는 요소라고 여겨지고 있다. 하지만 장시간 근무를 스트레스로 잇는 건 너무 단순하고 평면적인 생각이 아닐까? 여기에는 스트레스의 본질이 빠져있다.

아침부터 밤까지 밤을 새워 일하면서도 마이너스 스트레스를 느끼지 않고 위대한 업적을 남기는 사람이 많다.

벤처기업이나 스타트업 경영자는 모두 장시간 근무를 하고 있다.

개중에는 집에 가지 않고 사무실에 있는 간이침대에서 쪽잠을 자며 생활하는 사람도 있다. 출퇴근하는 시간을 아껴 일에 집중하고 싶은 마음 때문이다. 이러한 사례는 빌 게이츠 등 유명 인물로부터 쉽게 들을 수 있다. 그런데 여기서 신기한 건, 그들 중 스트레스 때문에 힘들다거나 멘탈이 붕괴됐다고 호소하는 사람이 아무도 없다는 사실이다.

예술가도 마찬가지다. 소설가도, 화가도, 조각가도, 밤낮이나 휴일에 상관없이 계속 일을 하고 있다. 그리고 그것을 스트레스로 느끼지 않는다.

운동선수는 스트레스가 쌓이면 더 힘든 훈련을 통해 스트레스를 극복한다. 일본 럭비가 강해졌다고 이야기하는 이유도, 선수들이 최근 이러한 방식에 익숙해졌기 때문이다.

더 힘든 훈련을 통해 스트레스를 극복하는 것, 그리고 이를 통해 성장하는 것! 부인할 수 없는 성공 비법이다.

지금 나는 무엇을 위해 일하는가?

문제는 장시간 근무 자체가 아니다. 본인이 원해서 장시간 근무를 하느냐, 아니면 어쩔 수 없이 근무를 하고 있느냐의 차이다. 원하지 않는 상태에서 어쩔 수 없이 장시간 근무를 하는 거라면 힘든 게 당연한 법이다. 이는 마이너스 스트레스로 쌓일 수밖에 없다. 지금 당신의 근무가 힘들고 피곤하다면, 그건 어쩔 수 없이 일하고 있다는 증거가 아닐까? 본인이 하는 일을 곰곰이 생각해보기 바란다. 누구를 위해, 무엇 때문에 일하고 있는지 말이다.

일의 목적이 돈이 되면, 사람은 마이너스 스트레스에 시달릴 수밖에 없다. 반면 자신의 성장을 위해 일을 하면 같은 시간, 같은 일을 하더라도 스트레스는 플러스로 작용한다. 돈을 벌기 위해, 상사의 명령 때문에 어쩔 수 없이 일하는 동안에는 마이너스 스트레스에서 절대 벗어날 수 없다.

반면에 예술가나 벤처기업 경영자, 운동선수 등은 자신의 성장과 미래를 위해 일을 하면서 플러스 스트레스를 받는다. 일하기 싫은데 어쩔 수 없이 일하는 게 아니므로 그때의 스트레스는 마이너스가 되지 않는다.

각자의 지난 경험을 떠올려보면 좋겠다. 직접 기획한 프로젝트를 밤새워 만들었던 짜릿한 날의 기억. 내가 진짜 하고 싶었던 일을 시간 가는 줄 모르고, 혹은 더 잘하고 싶어서 쉬는 날에도 노력하던 그 날의 내 모습을…. 그때는 오랜 시간 책상에 붙어 있어도 화가 나거나 짜증이 나지 않았다.

　지금 하는 일이 나에게 어떤 영향을 미칠지는 오로지 그 사람 의식에 달린 일이다. 영어로 말하면 'job'과 'career'로 분류해 볼 수 있다. 자기가 하는 일을 'job'으로 생각하느냐 아니면 'career'로 생각하느냐에 따라 지금 받는 스트레스가 일류인지 이류인지가 정해진다.

　job이든 career든 스트레스의 크기는 동일하다. 다만 job보다는 career쪽이 마이너스 스트레스가 적은 것만은 분명하다.

　스트레스를 플러스로 만드느냐 마이너스로 만드느냐는 오직 그 사람의 의식에 달린 일이다.

● ○ ○ ─────────────────────

지금 당신의 일!
잡(job)인가, 커리어(career)인가?

3

모든 스트레스의 시작을
'나 자신'에 둬라

스스로에게 마음껏 스트레스를 줘라

사람이 받는 스트레스는 크게 두 가지로 나눌 수 있다.

첫째, 다른 사람이 주는 스트레스.

둘째, 자기 자신이 주는 스트레스.

똑같은 스트레스도 다른 사람이 주면 이류의 스트레스, 즉 마이너스 스트레스가 되고, 자기 자신이 주면 일류의 스트레스, 즉 플러스 스트레스가 된다.

학창 시절을 돌이켜 보라. 부모님이 시켜서 억지로 공부할 때면 진도가 나아가지 않았다. "내가 알아서 공부하고 있는데 왜 뭐라고 하는 거야?" 구시렁거리느라 시간과 감정을 소비하고, 나를 이렇게 만든 부모를 원망까지 한다. 이때 받는 스트레스는 짜증이 된다.

반면 스스로 공부할 땐 어땠는가? 책에 집중하느라 시간이 언제

지났는지도 모르지 않았던가?

나는 책이나 잡지 원고를 쓸 때 편집자로부터 마감일을 들으면, 하루라도 빨리 주기 위해 일하는 시간을 늘린다. 힘들기는 하지만 플러스 스트레스이기 때문에 피로를 느끼지 않는다. 아무리 바쁘고 힘들어도 "시간이 없는데 마감을 조금 미룰 수 없을까요?" 요청하지 않는다. 미루는 순간 스트레스는 몇 배로 늘어날 것이고 밀린 기간만큼 스트레스가 지속될 게 분명하기 때문이다. 그 결과는 예외 없이 마이너스 스트레스로 작용한다는 사실을 나는 이미 너무나 잘 알고 있다.

스트레스에는 수동적 스트레스와 자발적 스트레스가 있다. 잡지사의 마감처럼 남이 정하는 일은 수동적 스트레스다. 남이 정하기 때문에 쉽게 피로를 느끼고 이는 마이너스 스트레스로 변하게 된다.

반면 "하루에 몇 페이지를 쓰겠다!" "일주일 안으로 완성하겠다!"처럼 자신이 정하는 일은 자발적 스트레스다. 주어진 조건을 순순히 받아들이면서 스스로 더 엄격한 기준을 세우면, 정신적으로 편안해질 수 있다. 자발적 스트레스는 내 성장을 위해 노력한다는, 플러스 스트레스로 변하기 때문이다.

남들이 뭐라고 하든 중요한 건 내 의식이다

수동적 스트레스를 자발적 스트레스로 만들면 그 과정에서 마이너스 스트레스는 플러스 스트레스로 바뀐다.

예를 들어 회사에 신입사원으로 입사했다고 하자. 신입 시절에는 자료 복사와 우편 발송 등 모든 잡일이 자신에게 밀려든다. 때로는 "내가 이런 일을 하려고 회사에 들어왔는가!" 자괴감이 들면서 모든 것을 포기하고 싶을 만큼 한계에 부딪힐 때도 있다.

일을 시킨 사람이 얄미워지고 "가뜩이나 내 업무가 가장 많은 것 같은데 왜 나에게 잡일까지 시키는가!" 생각까지 들며 내가 처한 상황 모두가 지긋지긋해진다. 하지만 이렇게 "내가 신입이라서 사람들이 나를 함부로 대한다"고 생각하면 이류의 스트레스, 즉 마이너스 스트레스에 시달리게 된다. 그런 경우에는 이렇게 생각하는 게 어떨까?

"비록 지금은 신입이라서 온갖 잡일을 다 해야 하지만, 이걸 잘 처리하는 능력을 익혀두면 앞으로 일하는 과정에 많은 도움이 될 거야. 이 일은 나를 몇 단계 더 성장시켜 줄 수 있어!"

이런 식으로 생각할 수 있다면 같은 상황에서도 스트레스는 얼마든지 마이너스에서 플러스로 작용할 수 있다. 활력을 얻으며 일할 수 있고, 반복되는 일에서도 도움이 되는 아이디어를 얻게 되기도 한다.

남들이 뭐라고 하든 자신의 의식만 바꾸면 업무량이 줄지 않아도, 업무 내용이 변하지 않아도, 스트레스만큼은 플러스로 만들 수 있다.

●○○ ─────────────────────────

지금 내 스트레스, 누가 만들었는가?

4

○

스트레스가 없는 상황도
스트레스가 된다

스트레스 없는 삶이 천국?

"스트레스가 없으면 얼마나 편할까?"

가끔 한숨을 내쉬며 이렇게 말하는 사람이 있다. 그런데 스트레스가 없으면 정말 행복할까? 천만의 말씀! 스트레스가 없으면 오히려 따분할 뿐이다.

처음에 회사에 들어가 어느 단계에 올라갈 때까지는 일을 배운다는 스트레스가 있다. 낯선 상황에서 생기는 불안과 내가 일을 제대로 해내지 못할까봐 생기는 불안 때문에 스트레스를 받게 된다. 그렇다면 이 모든 불안에서 벗어나면 모든 게 다 좋아질까?

아니다. 그때는 익숙함에서 오는 따분함 때문에 또 다른 스트레스를 느끼게 된다. 그게 바로 사람의 속성이다.

일에 대한 고민은 보통 두 가지다.

첫째, 어렵다.

둘째, 단조롭다.

자신의 입맛에 딱 맞는 일은 어디에도 없다. 다만 익숙한 일을 반복하더라도 따분함을 느끼지 않는 방법이 있다.

첫째, 자기 나름대로 의미를 발견한다.

둘째, 스스로 난이도를 높여 간다.

피할수록 스트레스는 더 커진다

어렸을 때 우리 부모님은 호프집을 운영했다. 건물 1층은 매장, 2층은 집으로 사용하는 구조였는데, 1층 노래방 기기 바로 위에 내 공부방이 있었다.

밤이면 항상 사람들의 노랫소리가 귀로 파고들었다. 더구나 듣기 좋은 노래가 아닌 술 취한 사람이 에코를 최대로 높여 부르는 엉망진창의 노래였다. 이 상황에서 마이너스 스트레스를 느끼는 사람은 자신이 공부를 제대로 하지 못하고 인생을 망친 게 가정환경 때문이라고 생각할 게 명백하다. 하지만 나는 달랐다.

공부하기 쉽지 않은, 하지만 내가 어찌할 수 없는 이 환경 속에서 나는 내 나름의 의미를 발견했다. 시끄러운 환경에서 공부하며 '집중력'을 높일 수 있었다는 긍정이다. 고등학교 때까지 이러한 환경에서 공부했던 나는, 그 덕분에 지금도 옆자리 아기가 소리치는 기차 안에서도 책을 볼 수 있고 공부에도 집중할 수 있다. 이것이 호프 노래방 기기 위에서 공부한 덕분이 아니면 무엇이랴.

'피할 수 없다면 즐겨라'라는 말이 있다. 모든 상황에 이 말을 대입시켜보자. 내가 처한 환경에서 어떻게든 긍정의 의미를 찾아보자. 마이너스 스트레스라고 생각했던 요소가 우리를 플러스로 이끌 것이다.

일본 만화에서는 아무런 소리가 없음을 표현할 때 '찌잉'이라고 한다. 이 말은 일본 만화의 아버지이자 《우주소년 아톰》을 세상에 내놓은 데즈카 오사무手塚治虫가 만든 표현이다.

사실 주변이 조용할 때 '찌잉'이라는 소리가 나는 게 아니다. 주변에 모든 소리가 없어지면 뇌 안에서 '찌잉'이라는 소리를 내보낸다고 보는 게 맞는 표현이다. 나는 내가 그런 감각에 휩싸인 순간, 데즈카 오사무가 역시 의사 출신답다고 생각한다.

이 현상은 청각의 공회전이다. 무슨 일이 있을 때 즉시 알아챌 수 있도록 뇌에서 일부러 소리를 내 우리에게 알려주기 위함이다.

그런데 '찌잉'이라는 소리가 유독 시끄럽게 느껴지는 경우가 있다. 조용한 곳에서 시계 초침 소리가 괜스레 신경 쓰이고, 자기 직전 냉장고 소리가 크게 느껴지는 경우가 그렇다. 작은 소리가 오히려 귀에 거슬리는 건 누구나 느끼는 흔한 현상이다.

스트레스도 이와 마찬가지다. 스트레스가 힘들다고 두 눈과 두 귀를 막고 피하면 안 된다. 아무 소리가 없는, 스트레스가 없는 상황이 우리를 더 피곤하고 지치게 만들 수 있다. 피하면 피할수록 스트레스는 점점 더 커지는 특징이 있기 때문이다.

스트레스에서 도망은 금물, 나만의 의미를 찾아라

5

○

스트레스 주도권,
절대 남에게 넘기지 마라

스트레스에도 주도권이 있다

스트레스가 쌓였을 때, 그것을 어떻게 받아들이느냐에 따라 사람은 두 종류로 나누어진다.

첫째, "누가 어떻게 좀 해줬으면 좋겠다"고 생각하는 사람.

둘째, "내가 어떻게 하겠다"고 생각하는 사람.

"누가 어떻게 좀 해줘"라고 생각하는 사람은, 내 인생의 주도권을 남에게 넘겨주는 꼴이다. 반면 "내가 어떻게 하겠다"고 생각하는 사람은, 자신이 그 주도권을 쥔 인생의 주인공이라 할 수 있다.

나는 어렸을 때부터 영화와 드라마를 좋아했는데, 그중에서도 탈옥 드라마를 좋아해서 한때《프리즌 브레이크》에 푹 빠진 적이 있다.《프리즌 브레이크》는 주인공 마이클 스코필드가 누명을 쓴 자신의 형을 구하기 위해 교도소에 들어가는 내용이다. 극 중 스코필드의 아이가 교도소에 갇힌 자신의 아버지에 대해 어머니에게 묻는 장면이 있다. 나는 이 장면의 대사가 참 기억에 남는다.

"엄마, 우리 아빠는 어떤 사람이야?"

"너희 아빠는 언제 어디서도 주도권을 놓지 않는 사람이야."

스코필드는 아무리 괴로운 상황에서도 "누가 어떻게 좀 해줘" 마냥 기다리지 않고, "내가 어떻게 하겠다"고 먼저 나서서 그 주도권을 잡는 사람이다.

형의 누명을 벗기고 억울한 상황을 해결하기 위해 직접 교도소에 들어간 스코필드. 그 스트레스가 어떨지 평범한 사람이 감히 상상이나 할 수 있을까? 하지만 그가 주도권을 놓지 않는 한, 그의 스트레스는 절대 마이너스로 작용하지 않는다. 우리는 드라마에서 그의 모습을 보며 "아, 스트레스에 짓눌려 있구나!"라고 생각하지 않는다. 극 중 그녀의 아내처럼 "삶을 주도하는 멋지고 용감한 사람이야"라고 생각할 뿐이다. 크고 작음의 차이는 있겠지만, 우리의 인생도 이에 대입해 생각해 볼 수 있다.

몸의 컨디션이 좋지 않아 스스로 병원에 가는 사람은 스트레스를 느끼지 않는다. 병을 고치기 위해, 더 건강한 몸으로 살아가기 위해 자발적으로 병원에 가기 때문이다. 반면 아무런 근거 없이 내일은 괜찮아지기를 바라며 병원에 가지 않는 사람은, 스트레스에 휩싸일 수밖에 없다. 주도권을 남에게 넘기고 최종 판단을 남에게 미루기 때문이다.

아무것도 하지 않고 누군가 어떻게 해주기만을 바라는 건 인생의 주도권을 남에게 넘기고 본인은 스트레스만 껴안는 바보 같은 짓이라 할 수 있다.

주도권이 자신에게 있는 한 우리는 아무리 힘들어도 지치지 않는다. 하지만 주도권을 상대에게 넘기거나 우연한 행운에 기댄 순간, 무거운 피로가 당신의 온몸을 짓누르게 되어있다.

내 인생의 주도권, 누구에게 있는가?

6

스트레스 해소를
험담으로 하지 마라

스트레스에 도움이 되는 대화

이 세상에 스트레스 없는 일은 없다. 스트레스는 어떤 일을 하더라도, 심지어 자신이 그토록 원하던 일을 하더라도 반드시 고개를 내밀게 되어 있다. 따라서 중요한 건 스트레스를 쌓아두지 않고 부지런히 배출하는 일이다.

스트레스를 배출하기 위해 친구나 동료, 지인을 만나 이야기하는 사람이 많다. 아주 효과적인 방법이고 또 가장 쉬운 접근법이기도 하다. 하지만 이 경우 한 가지 조심해야 할 일이 있다. 이야기가 길어지지 않도록 신경 쓰는 일이다.

친구와 술을 마실 때 처음 몇 분은 스트레스 해소에 도움이 되는 대화를 나눌 수 있다. 내가 처한 스트레스를 입 밖으로 꺼내며 나쁜 기운을 날려 버릴 수도 있고, 내 상황을 잘 알고 있는 친구와 함께 앞으로 어떻게 하면 좋을지 그 해결책을 논의해볼 수도 있다.

하지만 시간이 지날수록 이야기가 길어지고 대화할 소재가 고갈되면서 다른 사람의 험담이 태어날 수 있으니 각별히 신경 써야만 한다. 자신이 알고 있는 내용보다 더 많은 이야기를 하기 위해, 그리고 더 많은 공감을 얻기 위해 남의 험담이나 불평, 소문으로 대화의 공백을 채우게 될 수 있다.

스트레스를 쌓는 대화

자기 생각을 말하는 동안은 스트레스를 배출할 수 있다. 하지만 자기 안에 있는 이야기가 아닌, 남의 험담이나 불평, 소문을 말하기 시작하면 어느새 말하는 일 자체에 스트레스를 받게 된다. 이야기하는 동안에도, 이야기하고 집으로 돌아온 이후에도 생각이 정리되거나 마음이 홀가분해지기는커녕 묵직하고 불쾌한 기분이 내 몸과 마음을 지배한다. 술자리에서 그 순간은 해방감을 느낄 수 있지만, 알 수 없는 찝찝함이 달라붙어 스트레스는 더 거대해지고, 나를 더 지독하게 괴롭힌다. 죄책감이 생기기도 한다.

험담이나 불평, 소문이 나오려고 하면 재빨리 이야기를 끊고 자리에서 일어나야만 한다.

대화를 통해 스트레스를 발산하는 건 분명 좋은 방법이다. 하지만 대화가 길어지며 탄생하는 부정적인 이야기로 스트레스가 쌓이는 건 막아야 하지 않을까? 스트레스 해소를 위해 시작한 대화가 스트레스를 더욱 생산한다? 이보다 억울한 일은 없다.

나는 오늘 누구를 만나 어떤 대화를 했는가?

7

○

마음의 상처는
몸의 피로에서 시작된다

건강관리의 중요성

많은 사람이 병의 원인을 바이러스라고 알고 있는데, 병의 원인은 결코 바이러스가 아니다. 모든 사람의 몸에는 이미 바이러스가 잠복해 있다. 그것이 병으로 나타나느냐 마느냐는 오직 면역력에 달린 일이다. 병을 좌우하는 이 면역력은, 마이너스 스트레스와 관련이 깊다. 사람이 마이너스 스트레스에 시달리고 있을 때 면역력이 급격히 떨어지고, 그 순간을 틈타 잠복해 있던 바이러스가 활발히 움직이며 병으로 나타나게 된다.

이때 사람들이 흔히 하는 판단 오류가 있다. 마이너스 스트레스에 짓눌려 있으니 그 원인인 마음부터 치료해야 한다는 생각이다. 하지만 이때 중요한 건 일단 육체부터 돌봐야 한다는 점이다. 육체가 건강하면 마음의 아픔을 쉽게 떨쳐낼 수 있다.

사회가 복잡해질수록 우울증을 호소하는 사람이 많은데, 대부분은 육체의 피로가 원인이다. 육체가 건강할 때는 정신의 피로를 쉽게 떨쳐낼 수 있다. 사람에게는 '자연치유력'이라는 게 있기 때문이다.

하지만 육체가 약해지면, 피로가 쌓이고 면역력이 떨어지면서 스트레스를 스스로 떨쳐낼 수 없게 된다.

마음의 상처가 있을 때는 마음을 치료하기 전에 일단 육체를 치료해야 한다. 그러기 위해서는 최대한 건강관리에 힘써야 한다. 술과 담배, 도박으로 스트레스를 배출하려고 하면, 그 결과 육체는 마이너스 상태에 빠진다. 육체가 마이너스 상태에 빠지면 마음도 덩달아 부정적인 소용돌이에 휩싸이게 된다.

운동이나 예술 분야에서 정신의 흔들림 없이 최고의 자리를 유지하는 사람은 기교적인 훈련을 하기보다 건강관리에 힘을 쏟고 있다. 한 분야에서 오래도록 군림하느냐, 반짝 사라지느냐는 착실하게 건강관리를 하느냐에 달려 있다.

●○○

지금 나는 내 몸을 위해 무엇을 하고 있는가?

8

당신만 손해 보는
화를 버려라

화를 내는 것 역시 강력한 스트레스

　요통, 즉 허리 통증은 현대인 누구나 겪는 흔한 질환이다. 많은 사람이 고통을 호소하며 병원을 찾고 그 빈도수 또한 매우 높다. 하지만 요통의 원인이 무엇인지는 아직 대다수 밝혀지지 않았다. 따라서 환자들은 통증을 없애기 위해 진통 주사를 맞거나 마사지를 받는 수밖에 없다. 하지만 그것은 일시적인 방법일 뿐, 시간이 지나면 무서운 통증이 다시금 온몸을 지배한다. 간절한 마음으로 검색도 해보고 좋다는 음식도 먹어보지만 절대 안 낫는 고질병이 바로 요통이다.

　내 경험으로 말하자면, "오늘 왜 이렇게 허리가 아프지?" 생각이 드는 날은 어김없이 내가 누군가에게 화를 냈을 때다. 허리가 아플 때마다 얼굴 가득 짜증을 묻힌 채 내가 누군가에게 화를 내는 장면

이 공통적으로 떠오른다. 적어도 내 입장에서는 화를 내는 게 요통의 원인이 될 만큼 강력한 스트레스다.

화를 당하는 상대도 굉장한 스트레스를 받겠지만, 화를 내는 사람 역시 같은 스트레스에 휩싸인다. 화를 시원하게 냈다고 해서 그 감정이 시원하게 풀린다고 생각해서는 안 된다.

험담도 마찬가지다. 험담하는 사람도, 험담을 듣는 사람도 모두 스트레스에 휩싸인다.

자신과 상대 모두 스트레스를 받지 않으려면 우선 부정적인 생각에서 벗어나야 한다. 나쁜 생각에만 파묻혀 있을 게 아니라 이 상황에서 지혜롭게 탈피할 수 있는 방법을 고민해보는 시간이 필요하다. 화를 내는 상황에서는 나와 상대 모두 스트레스에서 영원히 벗어날 수 없다.

● ○ ○ ─────────────────────────────

내 화가 어디를 향하는지 생각해봐라

9

어디에도 없다?
어디에나 있다

소중한 사람을 잃는 경험

사람에게 가장 큰 스트레스는 무엇일까? 소중한 사람을 잃는 일 아닐까? 젊은 시절에 가까운 사람을 잃으면 이를 계기로 우울증에 걸리기도 한다. 특히 평생의 배우자를 잃는다는 건 사람에게 있어 가장 큰 스트레스라고 한다.

반려동물을 잃고 나서 단숨에 우울증에 걸리는 사람도 있다. 그 아픔을 다시 겪는 게 두려워 두 번 다시 동물을 키우지 않겠다고 다짐하기도 한다.

내가 아는 한, 소중한 무언가를 잃은 사람은 반드시 이를 찾아 헤매게 되어 있다.

《은하철도 999》의 원작자 미야자와 겐지宮沢賢治는 천재 시인이자 교육자다. 그런 그가 끔찍이도 아끼던 두 살 밑의 여동생을 잃었을 때, 그는 동생을 찾아 가라후토현재의 사할린까지 찾으러 갔다고 한다. 하지만 이미 세상을 떠난 사람을 어떻게 찾을 수 있으랴. 다만 그렇게 하지 않고서는 버틸 수 없었던 거다.

그러던 어느 날, 그는 문득 깨달았다.

"어디에도 없다는 건 어디에나 있다는 거다!"

부모님이 돌아가시면 세상을 잃은 듯한 슬픔에 잠기게 된다. 절망의 구렁텅이에 빠져 삶의 의욕을 통째로 잃어버리기도 한다. 하지만 이렇게 생각해 볼 수도 있다. "하늘로 떠난 부모님은 어디에서나 나를 지켜보고 있다" "언제나 나와 함께하고 있다" 그 사실을 우리는 잊어서는 안 된다.

돌아가신 부모님에게 효도하는 방법이 있다. 일상에 최선을 다하며 가끔 부모를 그리워하는 일이다. "어디에도 없다"는 외로움을 극복하기 위해 "항상 함께 있다"고 생각하면 어쩔 수 없는 슬픔을 극복할 수 있게 된다.

의미 없는 시간은 없다

사랑하는 연인의 배신 역시 강력한 스트레스가 된다. 그 아픔만큼 사람을 무너트리는 일도 없다.

하지만 버림받았다고 해서 지금까지 만났던 시간이 전부 물거품이 되는 건 아니다. 그동안 상대로 인해 행복했던 시간이 있고, 그 세월만큼 자신도 성장하지 않았는가…. 사랑받고 행복했던 경험은 언제나 힘이 될 수 있다.

"지금까지의 시간이 아무 의미가 없다."

"처음부터 시작하지 말걸."

이런 경우에 생각을 조금 바꿔보는 게 어떨까?

"그 시간도 나름대로 의미가 있다."

"그 일을 통해 많이 성장했다."

이렇게 생각하면 스트레스는 플러스로 바뀌고, 당신은 한 걸음 앞으로 나아갈 수 있게 된다.

소중했던 시간의 힘으로 다시 일어나라

10

손해 보았다는 생각,
본질보다
더 큰 스트레스가 된다

초보 운전사의 실수

돈과 관련한 스트레스 중 가장 큰 스트레스는 '손해 보았다'고 느끼는 순간이다.

택시를 탔는데 초보 운전사가 길을 잘못 들었다고 가정하자. 본 목적지에 가기 위해서는 꽤 많이 돌아가야 한다. 손님으로서 당연히 기분 나쁠 수밖에 없는 상황이다.

운전사가 자신의 실수를 깨닫고 미터기를 멈추었지만, 이미 요금을 상당히 초과한 후다. "왜 이제야 미터기를 멈춘 거죠? 길을 잘못 들었던 그 순간에 멈추었어야 하지 않나요?" 따지고 싶어진다.

이러한 경우에 길을 모르는 초보 운전사를 만나서 손해를 보았다고 생각하면 그 즉시 이류의 스트레스에 빠진다. 온종일 기분이 꽝인 채 "이 모든 게 다 그 운전사 때문이야! 아침부터 운세가 영 별로였어!" 24시간 원망만 하게 된다. 또 어떤 나쁜 일이 생길까, 어떤 더 큰 사건이 나를 기다리고 있을까, 종일 불안하고 불쾌하기까지 하다.

반면에 "초보 운전사에게 좋은 경험을 시켜준 거야. 그는 오늘의 일을 통해 앞으로 더 나은 택시 운전사가 될 수 있을 거야. 그 기회를 만들어 준 게 바로 나야!"라고 생각할 수 있다면, 스트레스는 플러스로 바뀔 수 있다. 초보의 인생을 응원하기 위해 팁을 주었다고 생각하면 되지 않을까?

혹은 이렇게 생각해 볼 수도 있다.

"혹여나 길을 잃어버렸다는 생각에 택시 운전사가 조바심을 내기라도 했다면? 그러다 사고라도 냈다면? 그런 사고 없이 무사히 도착했으니 이 얼마나 다행인가!"

택시 기사의 실수 때문에 요금이 많이 나왔다고 불평하면, 자기긍정감만 내려갈 뿐이다.

있는 그대로를 인정하는 자기긍정감

자기긍정감이란 말 그대로 자기를 긍정하며, 있는 그대로의 자신을 인정하고 사랑하는 마음이다. 한마디로 "나는 지금 이대로도 멋져! 괜찮아!" 만족하는 일이다.

스트레스에서 중요한 건 이런 자기긍정감이 내려가지 않도록 관리하는 일이다. 자기긍정감이 떨어지면, 강력한 스트레스를 받을 때보다 더 나쁜 상황에 빠질 수 있다. 이럴 때는 손해를 만회하려고 하지 말고 본전을 찾으면 된다. 내가 받은 손해를 인생의 예방주사, 보험료라고 생각하는 것이다.

다시 '초보 택시 기사'의 사례로 돌아가 보자. 만약 이 상황에서 사고가 났다면 크게 다쳤을 수도 있고, 예정되어 있던 중요한 일을 처리하지 못했을 수도 있다. 더 큰 문제가 생기지 않아 다행이라고 여기는 마음, "지금 이대로 괜찮아!" 생각하는 긍정, 바로 본전을 찾는 일이다.

사람은 누구나 처음의 시기를 겪는다. 요즘은 고령화 시대로 많은 나이에도 초보가 되는 일이 흔하다. 그런 초보를 너그럽게 봐주는 일은 자신을 키워준 사람에 대한 보답이고 이 세상에 은혜를 갚는 일이다. 세상과 더불어 살아간다는 믿음은 인생에 큰 힘이 된다. 그렇게 생각할 수 있다면 손해라고 생각했던 일이 기분 좋은 경험으로 차곡차곡 쌓이게 된다.

중요한 점은 어떤 경우에도 자기긍정감을 낮추지 않는 일이다.

누군가에게 보답하거나 본전을 찾는 방법으로 자기긍정감을 높여나가는 건 어떨까? 그러면 다양한 시각으로 세상을 바라볼 수 있게 된다. 돈으로 손익을 따지면 시야가 좁아질 수밖에 없고, 시야가 좁아지면 마이너스 스트레스에서 벗어날 수 없다.

세상을 바라보는 내 시야,
너무 좁아져 있지는 않은가?

11

화풀이도
엄연한 화다

물건에 화풀이해 봤자 손해는 자기 자신

스트레스 해소를 물건으로 하는 사람이 있다. 접시를 깨뜨리거나 책을 던지거나 주먹으로 벽을 내리친다. 물건에 화풀이하면 순간적으로 스트레스는 줄어든다. 하지만 그와는 반비례로 자기긍정감은 내려간다.

자기긍정감이 내려가면 어김없이 그곳에 다음 스트레스가 태어난다. 그 결과, 마이너스 스트레스가 커지는 악순환에 빠진다. 즉, 물건에 아무리 화풀이를 해도 스트레스는 해결되지 않는다.

어디 그뿐인가? 물건에 화풀이하고 나면 다음 단계는 무엇이 되겠는가? 엉망이 된 곳을 청소하고 새로운 물건을 사야 하는 등 더 큰 문제가 나를 기다리고 있다. 게다가 몸을 다치기라도 한다면? 한동안은 불편한 생활을 감수해야만 한다. 그리고 다친 부분이 거슬릴 때마다 이런 생각이 들지도 모른다.

"아, 그놈의 스트레스 때문에 이게 다 뭐야!"

화가 났을 때 물건을 집어 던지거나 부시는 등 나쁜 버릇을 가지고 있다면 당장에 고치는 게 좋다. 스트레스를 해소하는 방법도 습관이기 때문이다. 그 습관은 점점 더 강도가 세져야 순간이라도 만족할 수 있기 때문에 계속해서 안 좋은 쪽으로 발전할 가능성이 높다.

사람에게 화풀이하는 사람

물건에 화풀이하는 일보다 더 큰 문제가 되는 건 사람에게 화풀이했을 때다. 물건은 반격하지 않지만, 사람에게 한 화풀이는 반드시 그 화를 당한 사람으로부터 반격이 돌아오게 되어있다. 부조리하게 당했는데 조용히 넘어가는 사람이 세상천지 어디에 있겠는가.

또 하나 문제는, 하나였던 스트레스가 둘이 되어 돌아온다는 점이다. 불쾌한 일을 당했다고 해서 다른 사람을 불쾌하게 만드는 일은 결코 바람직한 방법이 아니다.

가령 비행기 안에서 앞사람이 말도 없이 의자를 뒤로 젖혔다고 하자. 순간적으로 불쾌해서 자신도 뒷사람에게 말하지 않고 의자를 뒤로 젖힌다면 어떻게 될까? 실은 어떻게 될지 그다음 상황이 중요한 게 아니라, 그 방법으로는 절대 내 마음이 풀리거나 평온해지지 않는다는 점에 방점이 있다.

불쾌한 일을 당했을 땐 오히려 다른 사람에게 다정하고 예의 바르게 행동하는 게 좋다. 그렇게 함으로써 바닥까지 떨어졌던 자기긍정감을 올릴 수 있고, 이를 통해 불쾌한 기분은 금세 날려버릴 수 있다.

"앞사람보다 나는 참 좋은 사람이야. 사람이라면 응당 이렇게 행동해야지!"

이러한 기분이 들기 때문이다. 화풀이하기 보다는 이러한 식으로 스트레스를 플러스로 바꾸고 자기긍정감을 높여가면 좋다.

●○○ ─────────────────────────

화풀이는 부메랑과 같아 반드시 돌아온다

12

아침형 인간을 원하면
일찍 자라

아침형 인간, 일찍 일어나면 땡?

아침형 인간이 성공한다는 말이 한동안 세상을 떠들썩하게 했다. 수많은 책이 출간되고 일찍 일어나기 위한 노하우가 인기를 끌기도 했다.

나도 아침형 인간에 대해 말하고 싶다. 그런데 내가 말하는 아침형 인간은 세상에서 말하는 아침형 인간과는 조금 다르다. 아침에 일찍 일어나는 게 아닌, "전날 일찍 자야만 한다!"에 초점을 맞춘다. 진정한 아침형 인간으로 거듭나기 위해서는 전날에 일찍 자는 게 중요하다.

중요한 건 일찍 잠드는 일이다

나는 해마다 3월 초에는 꼭 몸에 탈이 생기고는 한다. 매년 2월에 정기적으로 해야 하는 일이 많아서 잠시도 쉴 틈이 없기에, 그 피로가 3월에 몰아치는 것이다. 온몸에 두드러기가 나고 독감에 걸리고 대상포진에도 걸리는 등 그 증상도 매년 다양하다.

그런데 이상한 일이 있다. 영화 촬영을 했던 때 만은, 아침 일찍부터 정신없이 바빴음에도 병에 걸리지 않았다는 사실이다.

다른 때와 어떤 점이 달랐나 생각해보니, 저녁마다 일찍 잠자리에 들었던 게 떠올랐다. 영화 촬영에 가기 위해서는 오전 5시 3분에 출발하는 전철을 타야 했고, 그 시간에 맞춰 일어나기 위해 매일 의도적으로 일찍 잠자리에 드는 생활을 했었다.

다른 해와 마찬가지로 일을 했음에도 일찍 잠으로써 몸에 무리가 가지 않았다는 사실이 나에게 새로운 가르침을 주었다.

기업에서 업무 방식을 개혁할 때 가장 좋은 방법은 야근을 없애고 아침에 일찍 출근하게 만드는 일이라고 한다.

물론 일을 남겨둔 채 퇴근하려면 큰 용기가 필요하다. "이 일을 마무리하고 후련한 기분으로 가고 싶다!" 생각하기 마련이다. 그래도 마음을 굳게 먹고 과감히 집으로 가 일찍 잠자리에 들어야 한다. 그리고 아침 일찍 일어나 못 다한 일을 하면 된다.

일찍 자면 일찍 눈이 떠지게 되어있다. 알람을 맞춰둘 필요도 없이 눈이 확 떠진다. 일찍 자면 마이너스 스트레스도 없고 정신도 맑아져, 일의 생산성이 높아지는 효과가 있다.

일을 잘하고 싶은가? 그럼에도 피로에 시달리고 싶지 않은가? 그렇다면 일찍 퇴근해 일찍 자기 바란다.

●○○ ──────────────────────────────

나는 오늘 몇 시에 잠자리에 들 것인가?

이류는 주변 사람에게 좋은 모습만 보여주려고 한다. 반면 일류는 어설프게 일하는 모습도 숨기지 않고 드러낸다. 조금 가다 그칠 게 아니라면, 계단 높이 올라가고 싶다면, 조금씩 착실하게 성장하는 게 좋다. 그리고 그 과정을 다른 사람과 나누는 게 좋다. 그 기쁨의 맛은 다음 단계로 갈 힘을 준다.

CHAPTER 2

스트레스를
자세에
대하는
답이 있다

13

수면에도
골든 타임이 있다

늦게 자는 만큼 스트레스가 쌓인다

스트레스 받은 날이면 잠드는 시간이 자연스레 늦어진다. 밀린 일을 하느라 늦어지기도 하고, 헛헛한 마음에 친구를 만나 술 한잔하다가 늦어지기도 한다.

술자리 후 집에 돌아와서는 "이건 괜히 말했나? 그렇게까지 이야기할 건 아니었는데…. 그 친구가 오늘 이야기를 다른 사람에게 전하지는 않겠지?" 후회가 몰려오고 대책을 찾느라 핸드폰을 만지작거리기도 한다. 그렇게 잠을 설치다 보면 피로는 풀리지 않고, 스트레스는 더욱 늘어난다. 다음 날 몸과 정신이 엉망이 되는 건 말할 필요도 없다.

나는 종종 아침 뉴스 프로그램에 출연한다. 뉴스에 출연하는 날은 오전 5시에 일어나 5시 45분에 차를 타고 6시쯤 스튜디오에 들어간다.

처음에는 "너무 일찍 일어나는 거 아니야? 잠이 부족해 온종일 정신이 몽롱하면 어떡하지? 다른 일에 지장이 생기지는 않을까?" 걱정됐다. 뉴스 녹화가 끝나면 오후 일정을 위해 잠시라도 눈을 붙여야겠다고 나름의 대책도 세웠다.

하지만 그럴 필요가 없었다. 오히려 뉴스 프로그램이 끝나도 피곤하지 않고 머리는 산뜻했다. 새벽 스케줄에 대비해 일찍 누웠던 게 플러스로 작용했다.

수면 포인트 두 배, 마법의 시간

원리는 간단하다. 성장 호르몬은 밤 10시부터 새벽 2시까지, 4시간 사이에 나온다. 아마 이 사실을 모르는 사람은 거의 없으리라.

실제로 내가 경험해보니 그 시간대에 잠들면, 성장뿐 아니라 수면 포인트 역시 두 배로 쌓인다. 한 시간의 수면이 두 시간 숙면한 효과로 나타나는 거다. 그러니 중요한 건 몇 시간 자느냐가 아닌, 몇 시에 자느냐다.

밤 11시에 잔다고 가정해 보자. 이때 수면 포인트 두 배가 되는 시간은 3시간이므로, 6시간 숙면을 취하는 셈이 된다.

우리가 일찍 일어나는 일에 스트레스를 느끼는 이유는, 전날 밤 늦게 잠들기 때문이다. 자기 전에 핸드폰 시계를 보며 "아, 6시간 밖에 못 자네?" 불만과 짜증으로 잠드는 게 문제다. 그런 식으로 스트레스를 느낄 바에야 차라리 일찍 자고 일찍 일어나는 게 좋지 않을까?

나는 일찍 일어나기 위해 밤 11시에는 꼭 잠을 잔다. 사실은 한 시간 앞당겨 10시에 자는 게 가장 좋겠지만….

배우인 카타오카 츠루타로片岡鶴太郎는 저녁 7시에 잠들고 새벽 2시에 일어난다고 한다. 그래서인지 그는 항상 온몸에 활기가 넘치고, 60대인 지금까지도 가수, 화가, 코미디언 등 다양한 분야에서 활발히 활동하고 있다. 그런 그에 비해 내가 11시에 잠드는 건 아직 느슨한 편이라고 할 수 있다.

나는 가끔 아침 6시 열차를 타고 오사카에 갈 때가 있다. 열차를 타러 갈 때만 해도 도착할 때까지 자야겠다고 생각하지만, 정작 열차 안에서 자 본 적은 단 한 번도 없다. 주변 사람 모두가 깨어 있기 때문이다.

열차 안 사람들이 깨어있는 이유는 간단하다. 하루를 일찍 시작하는 사람은 전날 저녁에 일찍 잠으로써 기운이 넘치기 때문이다. 그래서 그들은 열차에서 자지 않고 일에 집중할 수 있다.

늦게 자면 수면 시간이 줄어들기 때문에 그날 쌓인 피로를 풀지 못하게 된다. 따라서 일찍 일어나려면 일찍 자야만 한다. 그러면 일찍 일어나도 피곤하지 않으며 생산적으로 일할 수 있는 시간은 더 늘어나게 된다. 잠자는 습관만 바꿔도 스트레스는 훨씬 줄어들 수 있다.

●○○ ─────────────────────────

나는 수면 포인트를 얼마나 잘 쌓고 있는가?

14

결과보다
과정에 집중하라

일의 결과를 생각하느냐, 일의 과정을 고민하느냐

스트레스는 그 시작점이 어디에 있느냐에 따라 일류와 이류로 나뉠 수 있다.

"내가 기대한 결과를 얻을 수 있을까?"

"내 노력만큼 대가가 돌아올까?"

"사람들이 내 일을 높게 평가해줄까?"

이런 식으로 '결과'에 대해서만 고민하는 사람은 마이너스 스트레스를 받을 수밖에 없다.

"어떻게 하면 더 일찍 일을 마무리할 수 있을까?"

"어떻게 하면 일의 수준을 더 높일 수 있을까?"

"어떻게 하면 고객을 더 만족시킬 수 있을까?"

"어떻게 하면 상사의 일을 더 줄여줄 수 있을까?"

이런 식으로 일의 '의미'와 '과정'을 생각하는 사람의 스트레스는 플러스로 작용한다. 그들은 자신도 모르는 사이에 더 높은 성장의 계단에 올라가 있게 된다.

결과를 중요시하는 사람도, 과정을 중요시하는 사람도, 일하는 건 동일하다. 하지만 결과는 확연히 다르다. 스스로가 생각하기에도, 남이 보기에도….

같은 상황에서 결과에 목을 매는 건 아무런 의미가 없다. 일이 끝날 때까지 그 결과는 아무도 모르는 일이기 때문이다. 우리가 일할 때 더 고려해야 할 건 과정이다. 과정에 주목하면 일 집중도가 높아지고 자연스럽게 좋은 아이디어도 많이 떠오르게 된다.

결과가 아닌, 결과의 대책을 고민하라

내가 대학을 졸업하고 처음 선택한 직장은 광고회사였다. 나는 그곳에서 광고기획자로 일했는데, 그때 담당했던 어느 프로젝트에서 이런 질문을 받았다.

"1만 명 수용이 가능한 행사장에 몇 명이나 올까요?"

아직 문도 열지 않은 행사장에 몇 명이나 올지 누가 알겠는가? 가장 좋은 건 1만 명의 행사장에 1만 명이 오는 일이다.

만약 5만 명이 몰려오면 사람에 떠밀려 누군가 다치거나 소방법 위반으로 신문 사회면을 떠들썩하게 만들 수도 있다. 단순히 "5만 명이 오면 어떡하지?" 걱정하는 건 아무런 소용이 없다. 이런 상황에서 중요한 건 5만 명이 몰려왔을 때 입장을 어떻게 제한할지를 미리 생각해두는 일이다. 반대로 1만 명이 들어올 수 있는 행사장에 1천 명밖에 오지 않아도 큰 문제가 된다. 하필 이럴 때 사장이라도 오면 큰일이다.

불확실한 상황에서 안절부절못하며 조바심을 내는 사람은 이류다. 일류는 그렇게 되었을 때를 대비해 미리 작전을 세워둔다. 그러면 "5만 명이 오면 어쩌지?" "1천 명이 오면 어쩌지?" 밤새워 걱정하며 스트레스를 받을 틈이 없다.

결과를 예측해 걱정만 하는 건 아무런 의미가 없다. 결과에 대한 대책까지 미리 세워두면 결과가 어떻든 만족할 수 있지 않을까?

● ○ ○ ─────────────────────────

중요한 건 결과 예측이 아닌,
그 결과를 예측하는 과정이다

15

잘하려는 마음보다
정성을 다하는 마음을 가져라

잘하기보다 합을 맞춰라

파티에 참석했는데 누군가 같이 춤추자며 손을 내밀었다고 하자. 그럴 때, "저는 춤을 못춰요" 대부분 손을 내저으며 뒤로 물러선다. 춤을 잘 추지 못한다는 스트레스 때문이다. 호감을 갖고 있는 사람에게 외면당하지는 않을까 머릿속에는 불안이 가득 차 있다. "세상에, 저 사람 봐! 저게 뭐야?" 사람들이 손가락질할까 봐 지레 두렵고 창피한 마음도 든다. 그러한 부담이 스트레스가 되어 "저는 춤을 못춰요" "저는 노래를 못해요" 부정의 형태로 드러나게 된다.

사람들은 상대를 잘하는지 못하는지로 평가하지 않는다. 오히려 "이런 데서 빼지 않다니… 대단하군. 정말 멋진 사람이야!"라고 생각한다.

노래방에서는 먼저 마이크를 잡고 분위기를 띄우는 사람을 높이 평가하는 법이다. 잘하느냐 못하느냐가 중요한 게 아니라 분위기를 맞추느냐 망치느냐가 그 사람의 평가를 좌우한다. 이를 통해 그 사람이 일을 정중하게 하는지, 어설프게 하는지를 알 수 있다. 정중하다는 건 매너가 좋다는 뜻이기도 하다.

잘하려는 욕심보다는 매너를 지켜라

회사 사람과 골프를 칠 때 가장 피해야 할 행동은 상사나 거래처를 이겨 먹는 일이다. 골프에 서툴러 코스 밖으로 공을 쳤을 때는 달리기만 잘하면 된다. 그러면 공이 숲으로 들어가도 "저 녀석, 정말 대단하군. 열심히 달리고 있어!" 높은 평가를 받는다.

그런데 골프를 오래 친 사람은 자신의 실력을 과시하고 싶어 한다. 그래서 지금 누구와 하는지를 잊고 공에게만 집중하게 된다. 잘하려는 마음 때문이다.

하지만 상사 혹은 거래처와 골프를 칠 때는 항상 긴장의 끈을 놓지 말아야 한다. 비굴해지란 게 아니라 사회생활의 매너를 지키란 뜻이다.

자신을 과신하는 건 최악의 결과를 낳는 지름길이다. 비행기 일등

석을 자주 타본 사람은 대부분 매너가 좋다. 반면에 일등석에 처음 타본 사람은 자신도 모르게 흥분해서 거칠게 행동하기 쉽다. 사람은 흥분하면 긴장하게 되고, 긴장하면 스트레스가 쌓이게 된다. 그렇게 스트레스가 쌓이면 감정이 엉뚱한 방향으로 튀게 된다.

'스트레스를 받는다 → 거만해진다 → 매너가 나빠진다 → 자기긍정감이 떨어진다 → 점점 더 스트레스가 쌓인다'

이런 식으로 악순환에 빠진다.

긴장했을 때 스트레스를 플러스로 바꾸는 방법이 있다. 최대한 매너 있게 행동하면 된다. 그때의 계기는 바로 긴장이다. 긴장을 매너로 바꿈으로써 결과를 플러스로 만들 수 있다.

●○○ ─────────────────────────

내가 상대에게
진정 보여주고 싶은 건 무엇이었나?

16

점차 잘하게 되는
과정을 즐겨라

좋은 모습만 보여주려 하지 말자

사람에게는 '주변 사람들이 보는 나'와 '내가 보는 나'가 있다. 이 두 개가 똑같은 사람은 거의 없다.

이류는 주변 사람에게 좋은 모습만 보여주려고 한다. 반면 일류는 어설프게 일하는 모습도 숨기지 않고 드러낸다. 결국 여기서 중요한 점은, 무언가를 제대로 하지 못했던 모습에서 능숙해지기까지의 과정을, 일류는 모두에게 보여준다는 데 있다. 애벌레가 나비가 되듯 탈바꿈하는 과정을 주변 사람으로 하여금 확실히 기억하게 한다.

처음부터 일을 잘하면, 그 사람의 진정한 능력을 다른 사람이 쉽게 알 수 없다. '해낼 수 없던 일을 해낼 수 있게 되는 과정!' '어설펐던 일을 잘할 수 있게 되는 과정!' 이러한 변화를 즐길 수 있는 사람이 일류 아닐까?

이류는 단숨에 잘하려고 하고, 일류는 착실하게 잘하려고 한다.

이 차이를 깨닫지 못하면 영영 이류에서 벗어날 수 없다.

조금씩 착실하게

모든 일을 한꺼번에 잘하는 사람은 없다. 당신의 능력 좋은 상사도 어설펐던 신입 시절을 거쳐 지금 그 자리에 올랐다.

높이 올라가고 싶다고 해서 한꺼번에 두세 계단을 올라갈 수는 없다. 음식을 너무 빨리 먹으면 체하듯, 높이 가기 위해 달리다 보면 언젠가는 지치거나 탈이 날 수밖에 없다. 조금 가다 그칠 게 아니라면, 계단 높이 올라가고 싶다면, 조금씩 착실하게 성장하는 게 좋다. 그리고 그 과정을 다른 사람과 나누는 게 좋다.

조금씩 착실하게 성장하는 일은 그다지 어렵지 않다. 더구나 조금씩 성장할수록 작은 성공의 경험을 더 자주 실감할 수 있어서 그 기쁨의 맛으로 다음 단계로 갈 힘이 생긴다. 작은 성공을 맛봄으로써 큰 성공에 닿을 수 있다.

●○○ ────────────────────────────
조금씩 성장하는 내 모습을 즐겨라

17

도망치지 말고
무엇이든 선택하라

불만과 불안 중 내가 선택할 건?

"지금 다니는 회사에 계속 다닐까?"

"다른 회사로 이직할까?"

직장인이면 누구나 다 하는 생각이다. 이런 생각을 해보지 않은 사람은 없을 거라고 확신한다.

회사에서 크고 작은 스트레스가 있을 때, 가장 먼저 떠오르는 것도 퇴사 혹은 이직이다. 이럴 경우 우리가 내릴 수 있는 답 역시 두 가지다.

"지금 다니는 회사에 계속 다닌다."

"다른 회사로 옮긴다."

둘 중 무엇이라도 좋다. 지금 다니는 회사에 계속 다니면 '불만'이라는 스트레스가 쌓일 테고, 다른 회사로 옮기면 '불안'이라는 스트레스가 쌓일 테니…. 본인이 선택했다면 어느 쪽이든 괜찮다. 내가 선택했다는 건 내가 감당할 수 있다는 말이기 때문이다. 그때 나오는 스트레스는 현재를 견딜 수 있게 하는 원동력이 된다.

하지만 이럴 경우 문제가 된다.

"나는 지금 다니는 회사도 싫고, 다른 회사로 옮기기도 싫어!"

이류의 스트레스에 휩싸여 불만에서도, 불안에서도 도망치는 사람이다. 계속 도망치기만 하면 우리는 영원히 스트레스에서 벗어날 수 없다.

불만과 불안, 어느 쪽을 선택해도 상관없다. 자유(퇴사 혹은 이직)를 선택해서 불안을 취하면 속이 후련해진다. 안정(회사를 계속 다님)을 선택해서 불만을 취하면 자신이 싸워야 할 대상이 무엇인지 확실해진다. 해야 할 게 분명한 이상 이때의 스트레스는 얼마든지 이겨낼 수 있다.

가장 골치 아픈 건 선택은 하지 않고 스트레스만 받는 일이다. 가만히 앉아 있는 당신에게 잘 익은 열매를 따다 넣어줄 사람은 그 어디에도 없다.

●○○ ─────────────────────────────

지금 나의 선택에 만족하는가?
투쟁 중인가? 아니면 스트레스만 받고 있는가?

18

단점부터 받아들여라

그 무엇도 스스로 결정하지 못 하는 사람

사람은 누구나 자유를 좋아한다. 자유롭다는 건 선택지가 많다는 뜻이기도 하다.

하지만 이류는 자유로운 상황에서도 스트레스를 받는다. 점심시간에 먹을 A정식과 B정식을 선택하는 일에서도 스트레스에 괴로워한다. 그런 사람은 "뭐가 더 맛있나요?" "다른 사람은 어떤 걸 먹나요?" 일일이 묻고 다닌다. 누군가 결정해주기를 바라며 스스로 선택하지 않는다.

식사뿐만이 아니다. 아니, 차라리 식사라면 괜찮다. 심지어 자신의 결혼마저도 점쟁이에게 정해달라는 사람이 있다. 이미 결혼할 사람이 있다 하더라도 점쟁이의 말 한마디에 마음이 흔들리기도 한다. 본인의 선택을 믿지 못하고 남의 말에 휘둘리는 격이다. 그러다 결혼에 실패하면 점쟁이에게 항의하러 가기도 한다. 가장 개인적인 결혼마저도 남에게 맡기는 사람이 일과 인생에서 성공할 리는 없지 않을까?

취직 면접을 보러 다니는 사람 중에는 "제가 무얼 하고 싶은지 잘 모르겠습니다"라고 말하는 사람이 있다. 선택지가 너무 많은 삶, 자유로운 삶이 그를 버겁게 하는 것이다.

이런 사람들은 개발도상국으로 가면 된다. 개발도상국에서는 직업을 선택할 자유와 여유가 없다. 해야 할 게 아주 명확하다. 자기 앞에 주어진 일만 하면 되기 때문에 무엇을 해야 좋을지 갈팡질팡하는 스트레스만은 없을지 모른다.

이렇듯 자유를 얻었다고 해서 마냥 좋은 건 아니다. 자유를 얻음과 동시에 새로운 스트레스가 태어난다. '무엇인가를 선택할 수 있는 자유'가 누군가에게는 '자신이 직접 정해야 하는 스트레스'가 되기도 한다.

장점만 보느냐, 단점도 보느냐

이류는 다른 사람에게 자신의 선택을 맡긴다. 그리고 다른 사람의 선택을 그대로 따른다. 또한 최종 판단을 내릴 때 장점만을 비교한다. 어느 쪽이 돈을 더 많이 버는지, 어느 쪽 일이 더 편안한지만을 살핀다.

A회사보다 B회사의 월급이 더 많을 때는 당연히 B회사를 선택한다. 그런데 막상 일을 해보니 월급이 많은 만큼 일도 많다. 그러면 그는 이렇게 생각한다.

"뭐야? 월급이 많아서 좋다고 들어왔더니 일이 너무 많잖아? 그만둬야겠어!"

장점만 보고 회사를 선택한 만큼 단점이 등장하는 순간, 결정이 바뀐다.

일류는 최종 판단을 내릴 때 단점까지 보며 비교한다. A회사와 B회사 중 어느 단점을 받아들일 수 있느냐로 판단하기 때문에, 아무리 어려운 일에 부딪혀도 쉽게 포기하지 않는다. 이처럼 중요한 건 '무엇이 더 좋은지'가 아니다. '어떤 단점까지 수용할 수 있느냐'다.

정치가의 일은 우리의 미래를 만드는 일이다. "미래를 위해 지금의 우리가 좀 참아봅시다. 우리의 아이들을 위해 현재의 우리가 최선을 다해봅시다!" 각오를 다지는 일이다. 그렇기에 현재 우리가 감수해야 할 단점을 국민에게 말해야 하는 자리이기도 하다. 하지만 이럴 경우 그 무엇으로 설득한다고 해도 선거에서 이길 수 없지 않을까?

　코앞으로 다가온 선거에서 이기기 위해서는 장점만 강조하는 편이 훨씬 유리하다. 하지만 장점만 있는 정책은 세상 어디에도 없기 때문에 당선된 후 여기저기서 공약 위반이 비일비재로 일어나게 된다.

　여기에서도 알 수 있듯 장점만 보고 결정하면 커다란 스트레스가 생긴다. 먼저 단점을 보고 이를 감당할 수 있느냐를 생각하는 편이 훨씬 스트레스가 적다.

●○○───────────────────────

화려함에 현혹되어서는 안 된다
치명적인 단점을 감당할 수 있느냐 그것이 중요하다

19

목적이 아닌
수단을 바꿔라

목적을 바꾸느냐, 수단을 바꾸느냐

회사에 다니든, 자영업을 하든, 아르바이트를 하든, 일하면서 스트레스를 받지 않는 사람은 없다. 가슴속에 쌓인 스트레스를 배출하지 않으면 언젠가는 폭발하게 되므로, 어떻게든 그때그때 스트레스 배출구를 마련해야 한다. 이때 중요한 건 그 사람의 유연성이다.

새로운 사업을 시작해서 계약을 따내야 할 때, 어느 회사에 정공법으로 문을 두들겼다가 거절당했다고 하자. 이런 경우에 일류는 같은 상대에게 다른 방법을 시도하고, 이류는 재빨리 다른 회사로 눈을 돌린다. 일류는 목적을 두고 다른 수단을 취하지만, 이류는 수단은 두고 목적을 바꾼다. 이류의 방법은 먼 길을 돌아가게 하고, 결국 목적을 달성하기까지 오랜 시간이 걸린다.

사람을 사귈 때도 마찬가지다. 이류는 좋아하는 상대에게 거절당하면 즉시 다른 상대로 눈을 돌린다. 하지만 다른 상대에게도 똑같은 방식으로 접근하기 때문에 성공률은 낮을 수밖에 없다. 반면 일류는 같은 상대에게 접근 방법을 바꿔 다가간다. 진심을 담은 편지를 쓰거나 사소한 일을 기억해 선물하는 등 다양한 방법으로 진심을 전한다.

이류는 수단을 고집하고 일류는 목적을 고집한다. 일류는 목적을 위해서라면 수단을 가리지 않지만, 이류는 수단에 집착해서 애초에 생각했던 목적은 아무래도 상관없다고 생각한다.

이류의 방법으로는 스트레스에 짓눌리는 건 물론, 발전할 수도 없다. 잘못된 게 무엇인지 평생 알 길이 없기 때문이다.

●○●

내가 지금 고집하는 건 목적인가, 수단인가?

20

'후회하고 싶지 않다'는
강박을 벗어 던져라

나는 그 무엇도 후회하고 싶지 않다!

사람은 하루에도 몇 번씩 결정을 내려야 한다.

"A기획안이 괜찮나? 아니다, B기획안이 더 괜찮나?"

"C와 일하는 게 좋을까? 아니다, D와 일하는 게 더 좋을까?"

이런 업무 사항을 비롯해 점심에는 무엇을 먹을지 하는 아주 사소한 결정까지…, 하루에도 몇 번씩 크고 작은 결정의 순간이 있다. 이런 상황에서 이류는 망설이며 스트레스를 느낀다. "잘못된 쪽을 선택하고 싶지 않다" "후회하고 싶지 않다"는 마음이 앞서기 때문이다.

식당을 선택하는 단계에서도 이류는, "후회하고 싶지 않다"는 생각이 크다. 고작해야 점심 한끼일 뿐인데 마음에 들지 않을 경우 큰 충격을 받는다. 그런 사람은 식당에 들어가 메뉴를 결정할 때도 오랜 시간이 걸린다.

점심시간에는 어느 식당이나 사람으로 붐빈다. 회사 점심시간은 대부분 동일하므로 잠시 망설이는 순간, 들어갈 곳이 사라진다. 운 좋게 식당에 들어갔다 하더라도 주문하지 않고 망설이고 있으면 식당 주인에게도, 같이 밥을 먹으러 온 동료에게도 폐를 끼치게 된다. 누구에게나 1분 1초가 소중한 점심시간인데….

어떤 음식을 시키면 좋을지 이류가 주변을 두리번거리자 "B세트가 더 맛있어"라는 소리가 들린다. 그래서 B세트를 주문하려고 하면 "죄송하지만 B세트는 떨어졌습니다"라는 대답이 돌아온다. 맛있는 음식이 먼저 팔리는 건 당연하지 않을까? 그 결과 이류는 "더 일찍 주문할 걸 그랬군" 후회를 한다. 후회하고 싶지 않다는 생각에 시간을 지체하게 되고, 결국에는 후회 자체보다 더 큰 스트레스를 받은 꼴이 된다.

일류는 '무엇을 해도 후회하게 되어 있다'는 사실을 이미 알고 있다. 모든 일에 단점이 있듯 모든 일에는 후회가 있는 법이다. 두 가지 선택지를 동시에 결정할 수 있는 사람은 없기에, 가지 않은 길은 누구에게나 후회의 가능성으로 남는다.

"저쪽을 선택하면 좋았을걸" 상상하면서 가지 않은 길을 아쉬워할 필요는 없다. 선택한 일과 선택하지 않은 일은 비교하려 해도 애초에 비교할 도리가 없다. 선택하지 않은 일의 결과를 과연 누가 알수 있겠는가?

'행동에는 반드시 후회가 따른다'고 생각하면 마음이 편해진다. 그러면 이제 이렇게 생각해 볼 수 있다. 어차피 무엇을 선택해도 후회가 따른다면, 좋아하는 쪽을 선택하는 게 어떨까?

어느 쪽을 선택해도 후회는 남는다

어느 한쪽에는 후회가 따르고, 어느 한쪽에는 후회가 없다면 누구나 망설이게 된다. 하지만 그런 일은 있을 수 없다. 같은 날, 같은 시간에 두끼를 먹을 수는 없지 않은가? A를 먹고 나서 B를 먹는다고 해도, A를 먹은 시점에서는 이미 배가 부르기 때문에 두 번째 식사와는 비교할 수가 없다.

직장을 옮길 때도 같은 일이 벌어진다.

"지금 다니는 회사에 계속 다니느냐? 새로운 회사로 옮기느냐?"

지금 다니는 회사에 계속 다니면 "새로운 회사로 옮기면 괜찮아질 텐데" 아쉬움이 생긴다. 반대로 새로운 회사로 옮기면 "예전 회사가 더 좋았어" 미련이 남는다. 이렇듯 어느 쪽을 선택해도 후회가 남는 것이다. 이러한 생각의 회로를 이해하면, 머리를 어지럽히는 스트레스의 굴레에서 벗어날 수 있다.

당신은 가지 않은 길에 대한 미련으로 스스로를 괴롭히고 있지는 않은가?

모든 일에는 후회가 남는다
하지만 생각해보라. 후회인가, 미련인가?

21

계속하라,
끈기를 가져라

오로지 참고만 있는가?

사람들이 좋아하는 말 중에 '근성'이라는 단어가 있다. 근성이란 사물이 가지고 있는 기본적인 성질로, 흔히 정신론을 들먹일 때 사용된다.

근성이라는 말을 들으면 왠지 땀과 눈물의 이미지가 떠오른다. 하지만 근성의 본질은, 땀과 눈물이 아닌 시원한 바람이다. 시원한 바람처럼 기분 좋게 노력하는 일, 그게 바로 근성의 본질이다.

근성에도 일류와 이류가 있다. 이류의 근성은 오로지 참는 데 있다. "내가 참으면 된다" "내가 상사의 말만 잘 들으면 된다"라는 식이다. 이는 초등학교 모범생과 같은 발상이라고 할 수 있다. "부모님과 선생님 생각이 틀렸지만 나만 참으면 된다"는 생각은 이류의 스트레스로 변하게 된다.

무언가를 배우기로 결심했을 때 작심삼일인 사람이 있고 묵묵히 계속하는 사람이 있다. 묵묵히 계속하는 사람은 소란을 피우지 않고 담담하게 본인 할 일을 계속해나간다. 자기가 배우는 걸 여기저기 떠벌리거나 의욕에 가득 차 시끄럽게 떠드는 사람은 오히려 계속하지 않는다.

담담하게 계속 이어가는 힘

무언가를 배울 때는 지나치게 힘을 쏟지 않고 담담하게 계속하는 편이 좋다. 지나친 의욕과 열정은 어느 순간 시들해지기 쉽다. 계속 나아갈 동력이 부족하다. 따라서 이때는, 자신이 할 수 있는 페이스로 장기간에 걸쳐 계속할 방법을 찾는 게 더 중요하다.

다이어트도 마찬가지다. 먹지 않고 억지로 다이어트를 하는 사람은 결국 지쳐서 원래의 상태로 돌아가기 쉽다. 반면 다이어트를 꾸준히 하는 사람은 장기간에 걸쳐 무리 없이 할 수 있는 방법을 찾는다.

무엇인가를 한 번이라도 오래 한 적이 있는 사람은 계속하는 일이 얼마나 중요한지를, 계속하기 위해서는 어떻게 해야 하는지를 잘 알고 있다. 그에 비해 지금까지 한 번도 오래 계속한 적이 없는 사람은 처음에는 의욕을 불태우다가 단숨에 기운이 빠져 버린다. 멘탈이 심하게 흔들리고, 쓸데없는 에너지를 쓰게 된다.

무언가를 배울 때는 지나치게 의욕을 불태우지 말고 담담하게 계속해야 한다. 그러다 보면 원하는 곳에 도착한 당신을 발견할 수 있을 것이다.

끈기는 참는 게 아니다
물 흐르듯 담담하게 계속하는 것이다

22

도전하라, 실패하라,
그곳에 답이 있다

실패는 포인트를 쌓아가는 일

이류가 가장 두려워하는 게 무엇일까? 바로 실패에 대한 스트레스다. 그런 그들이 실패하지 않기 위해 짜낸 방법이 있다. 아예 아무 일도 하지 않는 거다.

그들은 아무 일도 하지 않으면 실패하지도 않고, 스트레스도 받지 않는다고 생각한다. 하지만 이는 지나치게 단편적인 생각이 아닐까? 설사 스트레스를 받지 않는다 하더라도 지금의 자리에서 꼼짝도 하지 않으면 어느 순간 후배들에게 추월당하고 만다. 그러면 스트레스는 물론 자존감이 무너지고 무력감에 빠지기도 쉽다.

일류는 어떨까? 그들은 실패에 대한 스트레스를 받지 않는다. 예상과 빗나가더라도 그게 아무 의미 없지 않다는 걸, 그들은 너무나 잘 알고 있기 때문이다.

무언가에 도전한 적이 없는 사람은 어디까지 가야 성공하는지, 어디에서 멈추면 실패하는지 그 경계선을 알지 못한다. 도전해 본 사람만이 그 감을 찾아 앞으로 나아갈 수 있다.

토스트를 구울 때도 마찬가지다. 친구에게 물어서 가장 좋은 시간을 아는 건 아무런 의미가 없다. 몇 초가 넘어가야 타는지 본인이 직접 실험해 봐야 한다. 그래야 머리와 손에 익힐 수 있고 내가 가장 좋아하는 맛도 자연스럽게 알아갈 수 있다. 실패하는 일은 나 자신을 아는 일이기도 하다.

주변을 둘러보면 "나는 장점이 없다" "나는 내가 무엇을 좋아하는지 모르겠다"라고 말하는 사람이 있다.

그런 그들에게 알려주고 싶은 게 있다. 장점은 내가 한 무수한 실패 속에 숨어 있다는 사실을 말이다.

실패는 노하우로 쌓인다. 실패를 많이 했다는 건 그만큼 포기하지 않고, 주저앉지 않았다는 걸 의미한다. 그만큼 본인이 그 일을 좋아한다는 뜻이기도 하다.

●○○ ─────────────────────────

내가 한 실패를 적어보자
그곳에 있는 나는 누구인가?

23

스트레스를 언어로 뭉쳐라,
그리고 배출하라

스트레스, 채우다? 비우다?

스트레스 받았을 때 일류와 이류는 해결 방식이 다르다. 싫어하는 게 생겼을 때 이류는, 그걸 없애기 위해 다른 무언가로 그 자리를 채우려고 한다. 쇼핑을 하거나 폭식을 하거나…. 우리가 '시발비용' 이라 일컫는 게 일종의 그런 방식이다. 하지만 이러한 방법은 스트레스 해소에 아무런 도움이 되지 못한다. 그 순간 잊을 수는 있겠지만, 시간이 지날수록 두려움만 더 증폭될 뿐이다.

반면 일류는 스트레스를 받으면 바로 배출한다. 머릿속에 있는 스트레스도, 가슴속에 있는 스트레스도, 그게 무엇이든 밖으로 내보낸다. 방법은 쉽다. 언어로 만들어 배출하면 된다. 머리를 감싸고 고민하는 일이 있다면 그 감정을 언어로 만들어 토해내기 바란다. 스트레스를 줄일 수 있는 가장 좋은 방법이다.

잔말 말고 가만히 들어주자

스트레스로 고민하는 사람이 있을 때 우리는 그 사람의 이야기를 듣고 난 후, "그것은 이렇게 하면 돼" "그 일은 이렇게 처리하면 돼" 조언하려고 한다. 하지만 이러한 방법은 스트레스 해결에 아무런 도움이 되지 못한다. 이류의 위로 방식일 뿐이다.

내가 아니더라도 상대의 머리는 지금 스트레스로 가득 차 있다. 거기에 조언이 더해지면 상대의 머리는 터지기 직전까지 부풀어 오를지도 모른다.

스트레스가 쌓인 사람에게는 조언할 필요가 없다. 가장 좋은 방법은 상대의 이야기를 들어주는 일이다. 상대가 본인의 이야기를 밖으로 계속 꺼낼 수 있도록, 그 과정에서 스스로 이야기를 정리하고 사태를 바로 볼 수 있도록 차분히 들어주는 게 중요하다.

나는 오늘 충고를 하였는가, 위로를 하였는가?

24

결승점은
또 다른 출발점이다

중요한 건 목표 달성 후에 있다

사람은 목표를 달성하면 성취감을 느낀다. 그러면 뇌에서 세로토닌이라는 물질이 분비되면서 동기부여가 상승한다. 이보다 행복한 일이 어디 있으랴. 이때의 짜릿한 느낌을 나 역시 잊지 못한다.

그런데 목표를 달성한 사람 중에는 다음에 어떻게 해야 좋을지 모르겠다는 사람이 있다. 대학입시나 MBA, 토익 점수 등 하나의 목표를 달성하고 나면 "이제 무엇을 해야 하지?" 엉거주춤한 상태가 되고 만다. 취업도 마찬가지다. 그토록 원하던 회사에 들어갔음에도 기쁜 건 잠깐, 앞으로 무엇을 하며 살아야 할지 몰라 방황하는 사람이 많다.

그런가 하면 자녀가 독립하여 집을 떠난 뒤 슬픔과 외로움, 상실감을 겪는 사람도 있다. 이른바 엠티 네스트 신드롬Empty Nest Syndrome으로, 빈 둥지 증후군이라고도 한다. 20년 이상을 자녀만 바라보며 헌신하던 삶에서 목표가 빠져 버리니, 갈 길을 잃고 방황하며 슬픔을 느낀다.

이것은 어디까지나 이류의 스트레스로, 일류에게는 이런 일이 발생하지 않는다. 일류는 죽을 때까지 성장 가능성이 있고, "여기가 끝이 아니다" "앞으로 더 좋아진다"라는 각오로 인생의 매 순간을 대하기 때문이다. 무언가를 달성한 후에도 그렇게 생각할 수 있다는 건, 평생의 성장 가능성을 가지고 있다는 가장 좋은 증거다.

풀 마라톤을 뛰고 난 후, 그때가 시작이다

이는 시간을 어떠한 자세로 바라보느냐, 어떻게 포착하느냐에 따른 차이이기도 하다. 비유하자면, 이류의 시간은 '직선'으로 흐르고 일류의 시간은 '나선'으로 흐른다.

이류의 시간은 직선이라서 결승점에 도착하면 끝이다. 더 이상 갈 곳이 없는, 말 그대로 그냥 끝…. 하지만 일류의 시간은 나선이라서 무언가를 끝없이 해나간다. 발전하고 경험이 쌓인다. 동양의 윤회 사상과 일맥상통하는 사고방식으로, 하나의 결승점이 다음의 출발점으로 이어진다고 볼 수 있다. 그런 사람에게는 주변에서 아낌없는 찬사가 쏟아진다.

"저 사람에게는 하나의 목표가 중요한 게 아니었어!"

42.195km의 풀 마라톤을 달린 후 "드디어 끝이다!" 결승점에 주저앉는 게 아니라 훌훌 털고 일어나 다음을 향해 전진하는 일! 일류에게는 항상 다음의 목표가 있기 때문에 가슴에 솟구치는 에너지를 전부 태워버리는 일이 없다.

내 인생은 직선으로 달리는가, 나선으로 흐르는가?

25

눈앞의 일을 하면서도
다음을 생각하라

항상 다음 목표를 생각하는 등산가처럼

이 세상에 스트레스 없는 직업은 없다. 겉보기에 쉽고 편해 보이는 직업일수록 안을 들여다보면 언제 터질지 모르는 스트레스가 숨어 있기 마련이다.

스트레스를 많이 받는 직업 중 첫손가락에 꼽을 수 있는 건 단연 등산가다. 목숨을 각오하고 극한의 상황에서 산을 오르는 일이 그들에게는 일상이다. 그런데 등산가는 하나의 산을 정복하는 도중에 "이 산을 오르면 다음에는 저 산에 가겠다!"라고 생각한다. 산 정상에 올라갔다가 다시 내려오는 한 번의 등산과 마찬가지로, 그의 등산은 인생에서 영원히 끝나지 않는다. 어찌 보면 너무나 힘들게 느껴지는 일을 그들은 절대 그만두지 않는다.

"이 산만 올라가면 이제 나는 여한이 없다. 나는 죽어도 좋다!"고 생각하는 사람은 등산가가 될 수 없다. "이 산을 오른 다음에는 저 산을 오르겠다!'라고 생각하는 사람만이 등산가가 될 수 있다.

일류의 생각도 등산가와 같다. 일류도 "이 일을 마치면 다음에는 저 일을 하겠다!"라고 생각할 줄 안다.

나는 지금까지 천 권이 넘는 책을 써왔다. 책 한 권을 쓰는 일은 엄청난 스트레스로 작용한다. 혼자 노트북 앞에 앉아 키보드를 두드리고, 같은 글을 몇 차례 수정하는 일은 꽤나 고독하다. 끝이 보이지 않는 여정처럼 느껴질 때도 있다. 하지만 나는 이번 책을 내고 나면 잠시 쉬어야지 생각한 적이 단 한 번도 없다. 이 책을 쓰고 있는 지금조차도 "다음에는 이런 주제로 책을 써야지!" 아이디어가 잇달아 솟구친다. 이러한 마인드를 가지고 있으면, 일은 언제까지고 자신을 발전시켜 주는 힘이 된다.

눈앞의 책을 쓰면서 다음 책을 생각하는 일, 스트레스를 줄이고 앞으로 나아갈 수 있는 가장 좋은 방법이다.

● ○ ○ ─────────────────────────

내 마음속에는 '현재의 다음'이 자리 잡고 있는가?

26

최종 목표는 언제나
지금이 아니다,
저 너머에 있다

모든 목표를 '통과 포인트'로 여겨라

나는 대학 입시를 하는 사람에게 다음과 같이 조언한다.

"대학 입시를 목표로 하지 마라. 대학 입시는 단순한 통과 포인트에 불과하다. 대학을 간 이후에 무엇을 할지도 생각하라."

설령 좋은 성적을 얻지 못해 목표한 대학에 떨어졌다고 해도, 이는 어디까지나 통과 포인트에 불과하다. 산을 오르는 코스는 단 하나만 있지 않다. 원하던 대학에 떨어졌다면, 산을 오르는 코스가 바뀌었을 뿐이라고 생각하면 된다. 이렇게 생각할 수 있다면 입시 자체도, 입시 실패도 그렇게 힘든 일만은 아니다.

취직도 이와 다르지 않다. 자신이 가고 싶은 회사에 떨어졌다고 해서 좌절할 필요는 없다. 이것은 두 번째 통과 포인트에 불과하기 때문에, 우리의 의지만 굳건하다면 반드시 뜻을 이룰 수 있다.

진정한 목표는 언제나 결승점 너머에 있다

어느 회사에 취직하느냐보다 중요한 일은, 취업 활동을 하는 도중 자신의 인생을 발견하고 이를 끝까지 관철시키는 힘이다.

목표는 결승점이 아닌 결승점 너머에 있다. 결승점만을 목표로 두면 그곳에 도착한 순간 에너지가 소진되어, 바로 쓰러지게 된다.

나는 고등학교 때 '가라테'라는 일본 무술을 했다. 이때 배운 중요한 점 하나는, 기와를 깰 때 기와를 목표로 하면 손을 다칠 수 있다는 점이다. 기와를 깰 때는 기와가 아닌, 그 아래, 바닥을 목표로 해야 한다. 손이 바닥에 닿는다는 느낌으로 내리쳐야 한다. 손이 바닥으로 향하는 통과 포인트에 기와가 있다고 생각하면, 손이 기와에 닿아도 하나도 아프지 않다.

나는 사람들에게 다양한 조언과 컨설팅을 해주는 '나카타니 학교'를 운영하고 있다. 그곳의 한 수업에서 강인한 남성 넷을 한 줄로 세워 둔 채 여성에게 밀라고 시켜 보았다. 하지만 그 여성이 아무리 힘을 줘 밀어도 남성들은 꼼짝도 하지 않았다. 어쩌면 당연한 일이다. 강인한 남성 모두가 쓰러지지 않도록 다리에 힘을 주고 버텼기 때문이다.

그때 내가 여성에게 한 마디 조언을 하자 남성들이 우르르 쓰러졌다. 그 모습을 보고 다들 깜짝 놀라 눈을 동그랗게 떴다. 조언은 간단했다.

"맨 뒤쪽에 있는 네 번째 남성을 민다는 생각으로 밀어보십시오."

스트레스도 이와 마찬가지다. 목표는 결승점이 아닌 결승점 너머에 있다고 생각해보자. 그러면 머리를 짓누르는 마이너스 스트레스에서 해방될 수 있다.

●○●────────────────────────

　　　　　　내 눈은, 내 목표는 어디를 향해 있는가?

기껏 대사를 외우고 촬영에 임했는데, 현장에서 대사가 바뀌는 경우가 더러 있다. 그럴 때조차 나는 스트레스를 받지 않는다. "갑자기 긴 대사가 주어진 상황이니 NG를 내더라도 감독님이 화를 내지 않겠지? 좋은 기회다! 만약 이 대사를 제대로 할 수 있다면 그게 더 굉장한 거지!" 생각하면 스트레스는커녕 활력이 생긴다.

스트레스를 즐기면
차이가   생긴다

27

손뼉 치고, 리듬을 맞추고,
상대와 하나가 되어라

우사인 볼트 퍼포먼스의 비밀

배우나 스포츠 선수의 임무는 관객에게 최선의 퍼포먼스를 보여주는 일이다. 연습뿐만이 아니라, 실전에서도 최선의 퍼포먼스를 낼 수 있느냐 없느냐! 그 여부에 따라 그들은 일류와 이류로 나누어진다.

이류는 일방적이다. 관객에게 자기 자신만 보여주려고 한다. 내가 얼마나 많이 연습했는지, 내가 얼마나 이 일을 잘 해내는지…. 그런데 관객에게 잘하는 모습을 보여주려고 하면, 온몸이 굳어지고 긴장이 되어 평소에 해왔던 퍼포먼스조차 할 수 없게 된다.

그에 비해 일류는 관객과 하나가 되려고 한다. 관객과 하나가 됨으로써 자신의 내부에서 최고의 퍼포먼스를 이끌어낼 줄 안다.

달리기 선수를 비롯한 스포츠 선수도 이와 다르지 않다. 단거리 달리기에서 세계 신기록을 가지고 있는 우사인 볼트 선수는 달리기

전에 손뼉을 쳐서 리듬을 맞추고 관객과 하나가 된다. 그런 다음에 "쉿!" 입술 앞에 검지를 세운다. 이것은 조용히 해달라는 뜻이 아니다. 관객과 하나가 되어 경기에 집중하기 위한 일종의 퍼포먼스다.

거북한 상사가 눈앞에 있다고 해보자. 이런 경우에 "혼나지 않도록 조심하자"라든지 "무서워서 숨도 쉴 수 없다"라고 생각하면 스트레스를 느낄 수밖에 없다. 잘 보이려고 나 자신만 신경 쓰는 순간 모든 게 우수수 무너진다. 그런 경우에는 상대와 하나가 되겠다고 생각하라. 상대와 하나가 되면 더 이상 상대가 무섭지 않고, 자기 안에 숨어 있는 힘까지 끌어낼 수 있다.

당신은 긴장하고 있는가,
최고의 퍼포먼스를 이끌어내고 있는가?

28

'압박감'과 '즐거움'은
항상 함께한다

"엔조이!"

세계를 돌아다니며 강연을 하다 보면, 강연에 들어가기 전 스태프의 격려 인사가 나라마다 조금씩 다르다는 사실을 알 수 있다.

일본에서는 강연에 들어가기 전 스태프가 이렇게 말한다.

"강연 잘 부탁합니다. 열심히 하십시오."

반면에 미국에서 강연할 때는 스태프가 이렇게 말한다.

"엔조이(Enjoy)!"

처음 그 말을 들었을 때는 "지금 일하러 가는 사람에게 즐기라고? 미국 사람들은 참 이상하군" 생각했다.

이것은 스트레스에 대한 사고방식의 차이다. 압박감과 엔조이는 얼마든지 공존할 수 있다. 둘 중 하나를 선택해야 하는 문제가 아니다. 일류는 압박감과 엔조이가 얼마든지 공존할 수 있다고 생각한다. 압박감 자체를 즐길 수 있기 때문이다.

압박감과 엔조이는 다르지 않다

탤런트들은 촬영에 들어가기 전에 모두 긴장한다. 하지만 TV를 보는 시청자는 그런 사실을 알아차리지 못한다. 여유만만하게 보이는 사람일수록 뒤에서는 담배를 몇 갑씩 피우기도 한다.

그들이 긴장을 이겨내기 위해 담배 피우는 모습을 보면 "저런 대배우도 이렇게까지 긴장하다니…. 카메라 앞에 서는 건 보통 일이 아니군!" 나는 늘 감탄하고는 한다.

엔조이하는 사람이 압박감을 적게 받는다고 생각하는 건 착각이다. 엔조이와 압박감은 정비례하기 때문이다. 이는 상대치가 아니라 어디까지나 절대치의 문제다. 압박감이 많을수록 엔조이도 많고 압박감이 적을수록 엔조이도 적다.

본인이 하는 일을 더 즐기고 싶은가? 그렇다면 압박감을 지금보다 더 많이 받기 바란다. 긴장이 주는 간질거림을 즐기기를…. 그러면 당신은 지금보다 더 성장할 수 있다.

●○○ ──────────────────────────────

더 많이 즐기고 싶다면 더 많은 압박감을 받아 들여라

29

변화를 두려워하지 마라,
마음껏 버려라

버리느냐, 소유하느냐

이류가 유난히 두려워하는 게 한 가지 있다. 바로 변화다.

"지금까지 살아온 나 자신을 유지하고 싶다."

"지금까지 쌓아온 그 무엇도 잃고 싶지 않다."

"아무것도 버리고 싶지 않다."

"아무것도 바꾸고 싶지 않다."

이류는 지금까지의 전부를 버리고 싶어 하지 않는다. 하지만 그들은 알아야 한다. 결국에는 그 마음이 이류에게 커다란 스트레스로 작용한다는 걸 말이다.

그런 사람은 방도 쉽게 정리하지 못한다. 나중에 사용할지도 모른다는 생각에 그 무엇도 함부로 버릴 수 없기 때문이다. 이러한 집착은 스트레스로 변할뿐더러, 여유 없이 꽉꽉 들어찬 물건을 볼 때마다 가슴이 꽉 막힌 듯 답답해지기도 한다.

일류는 어떤 물건이라도 태연하게 버릴 수 있다. 버리는 일에 오히려 쾌감까지 느낀다. 비록 필요한 물건일지라도, 없어도 괜찮다고 여길 만큼 물건에 집착하지 않는다.

어느 조직이나 '리더' 자리에 앉은 사람은 스트레스로 똘똘 뭉쳐 있다. 조직의 크기와 상관없이 리더는 언제나 스트레스 덩어리다. 그만큼 임무가 막중한 자리다.

그런 리더가 가장 잘해야 하는 건 바로 버리는 일이다.

크게 벌리고, 일을 자꾸 늘리기를 좋아하는 사람은 결코 좋은 리더가 될 수 없다. 좋은 리더는 손을 떼야 할 때를 알고 과감하게 앞을 향해 나아가는 사람이다. 그래야만 아래 직원에게 존경받을 수도 있으며, 프로젝트에서 깔끔한 성과를 낼 수 있다.

버려야만 나아갈 수 있다

성장하고 싶어 하면서도 변화를 두려워하는 사람이 있다. 지금까지 배워온 게 제로로 돌아갈까 두렵기 때문이다.

새로운 사고방식을 받아들이면 과거의 사고방식은 금세 진부해진다. 그러면 잠시의 망설임도 없이 과거의 방식을 버리고 새로운 미래로 나아갈 수 있다.

하지만 이류는 그렇게 할 수 없다. 지금까지 가졌던 사고방식을 잘라버리는 일에 정신적인 저항까지 느낀다. 이게 바로 이류의 스트레스다. 이러한 마음 상태로는 어떠한 조언도 받아들일 수 없다. 새로운 조언을 받아들이면 지금까지 가졌던 생각을 몽땅 버려야 하기 때문이다.

변화를 두려워하지 않는 사람은 버리는 일을 두려워하지 않고 움찔거리지 않는다. 과거를 버리는 일이 지금까지의 시간을 버리는 일이 아님을, 더 값지게 하는 일임을 알기에 가능한 일이다. 이런 사람은 계속 성장할 수 있고 일류의 길로 나아갈 수 있다.

스포츠 선수도 마찬가지다. 최고의 선수가 되기 위해 힘들게 자세를 만들었다고 하자. 그런데 그 자세로는 더 높은 목표에 도달하기 어렵다는 사실을 어느 날 알게 되었다. 이 상황에서 일류와 이류는 각각 어떻게 반응할까?

일류가 되느냐 이류에 머무르느냐는 지금까지 만든 자세를 버릴 수 있느냐 없느냐에 달려있다. 새로운 자세는 지금의 자세에 덧씌울 수 없다. 지금을 버려야만 새로움을 얻을 수 있다.

지금의 자세를 버릴 수 없는 사람은 그 자리에서 한 발짝도 나아갈 수 없다. 지금의 자세를 버릴 수 있는 사람만이 한계를 극복하고 앞으로 나아갈 수 있다.

●○● ────────────────────────────

나는 오늘 무엇을 버렸는가?

30

쾌락이 아닌
보람을 느껴라

쾌락은 순간적이다

즐거움에는 두 가지 종류가 있다. '쾌락'과 '보람'이다.

쾌락은 식욕, 물욕, 성욕, 오락처럼 자기 자신을 위한 즐거움이고, '보람'은 가족, 예술, 봉사, 공헌처럼 남을 위한 즐거움이다.

쾌락의 특징은 지속성이 없으며 순간적이라는 점이다. 그때는 즐겁지만 그 즐거움이 오래 지속되지는 않는다. 그에 비해 보람은 오래 지속된다. 그때만 즐거운 게 아니라 시간이 갈수록 즐거움이 가슴 깊이 퍼져나간다.

쾌락을 추구하면 그 즐거움이 손에 들어와도, 어느 순간 끝도 없는 밑바닥으로 떨어질 수 있다. 이때 이류의 스트레스가 생긴다. 지금은 즐겁다고 여길 수 있어도 "언제 추락할까?" 항상 불안에 휩싸여 있다. 마약을 생각하면 쉽다. 평범한 일상에서는 맛볼 수 없는 즐거움을 순간적으로 느낄 수 있지만, 그 이후 남는 건 불안이고, 처벌이다.

　반면 일류는 영속성이 있는 보람을 추구하기 때문에 급격한 추락이 일어나지 않는다. 오히려 시간이 갈수록 즐거움과 편안함이 증가한다.

　어느 편이 나에게 더 유익할지, 노년의 나에게 어떤 기쁨이 자리 잡으면 좋을지를 곰곰이 생각해 보면 그 답은 너무나 쉽게 찾을 수 있다.

한때의 쾌락, 평생의 보람, 나의 선택은?

31

합격률에 집착하는 건 의미 없다,
합격할 방법을 연구하라

합격률 백번 따져도 변하는 건 없다

이류는 항상 걱정에 사로잡혀 있다.

"이 일이 정말로 잘될까?"

"이 일은 얼마나 잘될까?"

"이 일이 성공할 확률은 얼마나 될까?"

이런 식으로 성공할지 실패할지를 늘 예상한다. 확신할 수 없는 합격률을 두고 끝까지 불안해한다.

어느 모의시험에 A부터 E까지 5단계 평가가 있다고 하자. 합격률은 A판정이 80% 이상, B판정이 60% 이상, C판정이 40% 이상, D판정이 20% 이상, E판정이 0%다.

사실 A판정에서 D판정까지는 합격에 있어 별 차이가 없다. 합격은 합격률과 아무런 관계가 없기 때문이다. 아무리 합격률이 높아도 본인이 시험을 못보면 떨어지고, 아무리 합격률이 낮아도 본인이 시험을 잘보면 합격한다. 합격률보다 중요한 건 내가 시험을 어떻게 보느냐다.

그런데 이류는 이러한 상황에서 항상 전전긍긍한다. 자신의 실력을 높이려고 하지 않고 책상에 앉아 매일같이 합격률만 계산하고 있는 꼴이다.

일류는 예상하지 않는 대신 연구를 한다.

"합격률을 1%라도 높이기 위해서는 이 공부를 하자."

"조금이라도 합격에 다가가기 위해서는 이런 연습을 하자."

이러한 생각으로 열심히 노력하면, 합격률은 저절로 높아지게 된다.

스트레스에 휩싸여 예상만 할 때는 움찔거리지만, 진지하게 연구할 때는 움찔거리지 않는다. 확신하고 앞으로 나아가기에 움찔거릴 시간이 없다.

예상만 하는 사람은 한 번에 높이 뛰어서 미래로 가려고 한다. 그런 사람은 운 좋게 합격을 했다 하더라도 성공의 근거가 없다. "내가 어떻게 합격할 수 있었지?" 구체적으로 설명할 길이 없다. 실패했을 때도 마찬가지다. 축적되는 게 없다.

합격률이 아닌 합격할 방법을 연구하는 사람은 실패해도 축적되는 게 있다. 지식이 쌓이고 나에게 맞는 공부 방법을 찾아갈 수 있게 된다. 따라서 실패가 아니다. 자기긍정감이 올라가면서 성공에 가까워졌다는 걸 스스로 실감하고 느낄 수 있다.

나는 멈춰있는가,
끊임없이 연구하고 움직이고 있는가?

32

그게 무엇이든
스스로 선택하라

남의 결정에 따르느냐, 내가 스스로 선택하느냐

일에서도 인생에서도, 사람에게는 결단의 순간이 찾아온다. 때로는 하루에도 몇 번씩 결단을 내려야 할 때도 있다.

결단을 내릴 때, 이류는 다른 사람의 결정에 따른다. 남이 결정해주어도, 자신이 결정해도, 맞을 때는 맞고 빗나갈 때는 빗나가는 법이다. 결정이 맞았을 때는 누구의 결정이라도 기분이 좋다. 기쁨의 크기로 보면, 남의 말을 듣고 결정했을 때보다 자기 자신이 결정했을 때가 훨씬 더 기쁘다.

남의 결정을 따라서 성공하는 건 배당률이 낮은 승리라고 할 수 있다. 가장 배당률이 높은 승리는 모두가 실패한다고 하는 일을 스스로 선택해서 성공했을 때다.

경마를 보면 이런 사실을 잘 알 수 있다. 모든 사람이 A말에 걸었는데 혼자 B말에 걸었다고 하자. B말이 단독 질주해서 결승점을 통과한 순간, 그곳에서 느끼는 쾌감은 그 무엇에도 비할 수 없다.

빗나갔을 때의 충격은 남의 말에 따라 선택했을 때가 더 큰 법이다. "이럴 줄 알았으면 내 생각대로 할 걸" 후회만 남고 상대를 원망하게 된다. 하지만 이미 소용없는 일이다.

시험을 볼 때 공부를 잘하는 사람의 시험지를 힐끔 훔쳐봤더니 자신의 답과 달랐다고 하자. 그래서 재빨리 답을 고쳐 썼는데, 나중에 확인해보니 자신이 처음에 쓴 답이 맞았다면? 이때의 충격과 스트레스는 무엇으로도 씻어낼 수 없다. 빗나간 경우에 되도록 충격을 적게 받는 비결은 스스로 선택하는 방법밖에는 없다.

빗나갔을 때의 충격,
그 크기만큼은 내가 결정할 수 있다

33

최악의 상황을 더 편히 즐겨라

무리한 요구를 대하는 자세

일을 하다 보면 지위 고하를 막론하고 무리한 요구를 하는 사람이 있다. 그런 경우에 그 일을 어떻게 받아들이느냐에 따라 일류와 이류로 나누어진다.

나는 종종 드라마나 영화에 출연하고 있다. 기껏 대사를 외우고 촬영에 임했는데, 현장에서 대사가 바뀌는 경우가 더러 있다. 더구나 그 자리에서 외우기 힘들 만큼 대사가 긴 경우도 있다. 그럴 때조차 나는 스트레스를 받지 않는다. 갑자기 긴 대사가 왔을 때는 오히려 행운이라고까지 생각한다.

"갑자기 긴 대사가 주어진 상황이니 NG를 내더라도 감독님이 화를 내지 않겠지? 좋은 기회다! 만약 이 대사를 제대로 할 수 있다면 그게 더 굉장한 거지!"

생각하면 스트레스는커녕 활력이 생긴다.

가끔은 미리 연락되지 않은 상태에서 대본이 완전히 바뀔 때도 있다. 그럴 때 나는 안도의 한숨을 쉬거나 그 상황을 즐긴다. 그러면 아무리 긴 대사라도 머릿속으로 스윽 들어오게 되어 있다.

처음부터 긴 대사가 주어졌다면 오히려 상황이 더 힘들었을지도 모른다. 미리 대본을 받았으니 외워오는 게 당연하다고 생각해서 NG를 내면 스태프도, 상대 배우도 짜증을 내고 현장이 험악해질 수 있으니…. 하지만 갑자기 대사가 바뀌고, 긴 대사가 주어진 상황이면 NG를 몇 번이나 내도 모두 이해해주고 웃음으로 넘어가게 된다.

가장 괴로운 일은 짧은 대사를 버벅거릴 때다. 가끔 선배 배우가 대사를 길게 친 다음, 내가 짧은 대사를 해야 하는 경우가 생긴다. 그럴 때 "내 짧은 대사에 NG가 나면 큰일이다"라고 생각하면 커다란 압박으로 가슴이 쿵쾅거린다. 더구나 계속 말을 하지 않던 상태에서 갑자기 말을 하면 혀가 돌아가지 않아 대사가 엉키기도 한다.

때로 성실한 신인 탤런트가 "갑자기 대사가 바뀌었어요. 어떡하지요?" 당황하거나 안절부절못하고 있으면, 나는 항상 이렇게 말하며 안심시켜 준다.

"괜찮아. 얼마든지 맞춰줄 테니까 다시 해봐."

최악의 상황이 주는 찬사

외계인이라는 별명으로 불리며 일본 프로야구계에 큰바람을 일으켰던 한신 타이거즈의 신조 쓰요시新庄剛志 선수. 그는 밥상이 완벽하게 차려진 상태로 타석에 들어갔을 때, 오히려 더 난감했다고 한다. 차라리 "최악의 상황이야. 다른 사람 같으면 모두 거절했을 거야!"라는 상황일수록 더 불타올랐다고 한다. 그런 경우에는 경기를 무승부로만 가져가도 박수를 받고, 역전승을 거두었을 때는 "굉장하다!"라는 찬사를 받게 되기 때문이다.

따라서 그는 이러한 상황에서 압박감을 극복하고 사람들의 기대에 부응해 한 방을 날려줌으로써 엄청난 환호성을 받게 되었다고 한다. 이것이 바로 일류의 스트레스다.

일에서도 마찬가지다. 그것이 무리한 요구인지 아닌지, 주변 사람은 모두 보고 있다. 그것 자체가 평가의 대상이 되기도 한다. 그래서 무리한 요구를 당하는 순간이 오히려 승승장구하는 기회가 되기도 한다.

노아웃 만루의 상황, 그때 타석에 들어가는 타자는 엄청난 압박을 받는다. 반면 노아웃 만루에서 투수 교체로 마운드에 올라가는 투수는 마음이 편하다. 만루를 만든 사람이 자신이 아니기 때문이다.

1점을 빼앗겨도 어쩔 수 없는 상태에서 교체되었을 때, 그 자리를 즐길 수 있느냐 없느냐! 이 차이에 따라 일류와 이류가 정해진다.

나는 무리한 요구도 즐길 준비가 되었는가?

34

정신에 힘을 쏟지 마라,
몸을 움직여라

고개 숙이지 마!

스포츠를 응원할 때 일본과 미국의 격려 방법은 확실히 다르다. 일본에서는 반드시 "힘내라!"라고 말한다. 이 말은 정신에 힘을 넣으라는 뜻이다.

일본을 방문한 외국인이 가장 먼저 배우는 언어 역시 "괜찮아"와 "힘내라"라고 한다. 그만큼 일본인이 "괜찮아"와 "힘내라"는 말을 자주 사용한다는 증거다. "괜찮아"와 "힘내라"는 말에 공통적으로 들어가 있는 건 정신론이다. 무엇을 어떻게 힘내야 할지는 구체적으로 말하지 않는다.

미국인 코치가 운동선수를 격려할 때는 주로 다음과 같이 말한다.

"고개 숙이지 마."

"얼굴을 들어."

축구나 농구에서 상대 팀에게 점수를 빼앗기고 풀이 죽은 선수에게 얼굴을 들라고 말한다. 얼굴을 들지 않으면 다음에 또 점수를 빼앗기기 때문이다.

문제가 생겼을 때 정신력으로 해결하려는 건 이류의 방식이다. 정신력으로 스트레스를 이겨내려고 하면 한계가 생긴다.

문제가 생겼을 때 가장 좋은 해결 방법은 일단 육체를 움직이는 일이다. 육체의 에너지로 스트레스를 떨쳐내면 생각지도 못한 결과를 가져올 수 있다.

힘내라, 고개 숙이지 마!
둘 중 나의 언어 습관과 더 가까운 것은?

35

상대를 바꾸려 하지 말고
나 자신을 바꿔라

상대를 바꾸느냐, 관계를 바꾸느냐

힘든 상황에 처했을 때, 환경이나 상대를 바꾸려는 사람이 있다. 그런 사람은 이류에서 벗어날 수 없다.

"상사가 이런 식으로 생각하는데 어떻게 하면 상사의 마음을 바꿀 수 있을까요?"

가끔 이렇게 묻는 사람이 있는데 상사를 바꾸는 건 불가능하다. 남의 조언에 의해, 더구나 부하직원에 의해 바뀔 사람이었다면 벌써 바뀌지 않았을까? 우리는 상사가 더 오랜 시간을 살아왔다는 걸 기억해야 한다. 오래 살아서 더욱 확고해진 생각을 누가 바꿀 수 있을까? 당신이 진정 바꿀 수 있다고 생각하는가?

만약 상사가 자신의 단점을 인정하고 있다면 더 큰 문제가 된다. 바꾸고 싶은 의지는 있지만 바꿀 수 없었다는 뜻이기 때문이다. 그런 단점을 부하직원이 바꿀 수 있을 리는 만무하다. 친구가, 가족이,

156

본인도 바꿀 수 없었던 단점을 부하직원이 무슨 수로 바꿀 수 있으랴.

그런 경우에 일류는 이렇게 생각한다.

"이 상사와의 관계를 어떻게 바꾸어야 할까?"

나를 바꾸는 게 성공하는 길

이직에서 실패하는 사람의 유형이 있다. "환경을 바꾸면 어떻게든 해결될 거야"라고 안이하게 생각하는 사람이다. 환경을 요리조리 바꾸어도 자신이 바뀌지 않으면 결국 결과는 똑같을 수밖에 없다.

반면 환경이 바뀌지 않는다는 사실을 알고, 환경에 대한 자신의 생각을 바꾸는 사람은 이직에 성공할 수 있다. 자신이 바뀌면 환경이 바뀐다는 사실을 알기 때문이다.

"어떻게 하면 상사의 마음을 바꿀 수 있을까요?"

이런 식으로 상사의 단점을 지적하는 사람은 이류다.

일류는 상사의 단점이 아니라 자신의 단점을 지적한다.

"지금까지 이렇게 생각했는데, 상사의 말을 들어보니 이런 식으로 받아들일 수도 있겠군."

"이렇게 대응할 수도 있겠군."

자신의 행동을 되돌아볼 수 있는 사람은 일할 때 스트레스를 느끼지 않는다.

일하다 보면 상사가 무리한 요구를 할 때도 있다.

"내일 중으로 새로운 기획안을 내놓게!"

그럴 때는 이렇게 생각해보는 게 어떨까?

"오늘 중으로 정리해볼까요?"

상대의 기준보다 자신의 기준을 높이면 스트레스는 저절로 없어지게 된다. 남이 주는 스트레스를 내가 주는 스트레스로 바꾸어 행동해보면, 그 변화가 주는 성장을 스스로 느낄 수 있다.

●○○───────────────────────

나는 절대 바꿀 수 없는 일에서
스트레스를 받고 있지는 않은가?

36

모든 순간을
진심으로 대하라

진심은 결과에 연연하지 않는다

회사에서 일할 때 모든 일이 물 흐르듯 순조롭게 이루어지는 경우는 많지 않다. 오히려 고객에 대해, 상사에 대해, 심지어 회사에 대해 분노가 치미는 경우가 훨씬 더 많다.

"왜 고객은 자기 멋대로 이런 일까지 요구하는가?"

"왜 상사는 이런 일까지 시키는가?"

이런 식으로 한 번 분노를 가지면 그곳에서 한 발짝도 나아갈 수 없게 된다. 구체적인 다음 행동 방식이 떠오르지 않는다.

일할 때는 분노를 잠시 뒤로 미루고 진심으로 대하는 게 어떨까? 진심과 분노는 전혀 다른 결과를 낸다.

마음속에 분노가 있으면 "나는 나쁘지 않다. 상대가 문제다"라고 생각하게 된다. 하지만 일을 진심으로 대하면 이렇게 생각할 수 있게 된다.

"나도 상대도 이 문제와는 상관이 없다. 나와 상대가 하나인 채로 이 일을 해나가면 무엇이든 해낼 수 있다!"

이 마음 상태면 웬만한 일은 다 해결할 수 있다.

진심이란 각오를 다지는 일이다. 각오를 다진다는 건 그 결과가 어떻게 되든 책임을 진다는 뜻이다. 분노는 결과에 따라 반응이 다르지만, 진심은 결과에 연연하지 않는다.

주문한 음식이 늦게 나온 탓에 A가 분노했다고 치자. 그런데 계산대에 갔을 때 식당 주인이 "죄송합니다. 음식이 늦게 나왔으니 돈은 괜찮습니다"라고 말한 순간, A가 싱글벙글 웃었다. 이 이야기는 식당 주인의 말에 따라 A의 반응이 달라짐을 의미한다. 감정의 주도권을 내가 아닌 남에게 맡겨놓는 격이다.

모든 일을 진심으로 대하는 사람은 결과가 어떻든 일희일비하지 않는다.

●○○ ─────────────────────

진심은 그 무엇도 흔들리지 않게 하는
군건한 힘이 된다

37

조바심 내지 말고
서둘러 준비하라

조바심과 서두름의 차이

결과를 어떻게 바라보느냐에 따라 사람은 일류와 이류로 나누어진다. 결과에 조바심을 내는 사람은 이류고, 결과를 염두에 둔 채 서둘러 일하는 사람은 일류다.

조바심을 내는 것과 서두르는 것은 완전히 다르다. 조바심을 내는 건 결과를 빨리 손에 넣으려는 욕심이고, 서두르는 건 빨리 준비하려는 노력이다.

조바심을 내지 말라고 해서 느긋하게 일하라는 뜻은 아니다. 머릿속으로 결과를 생각하면서 서둘러 준비하라는 뜻이다.

상사가 "지금 당장 영어 공부를 하게"라고 말했다고 하자.

이때 조바심을 내는 사람은 서점으로 달려가 '사흘 만에 영어를 술술 말하는 법'이라는 책을 산다. 그 책을 보고 사흘 만에 영어를 술술 말할 수 있는 사람이 있다면, 아마 영어의 단어와 문법을 이미 머릿속에 완벽히 넣어 둔 사람이리라…. 그렇지 않다면 사흘 만에 영어를 술술 말할 수 있을 리는 없다.

조바심을 내지 말라 했다고 해서 "느긋하게 하루에 한 단어씩 외우겠습니다"라고 대꾸하는 사람은 영어로 술술 말하기까지 백만 년이 넘게 걸릴지 모른다.

진정한 일류는 하루 3시간씩 영어를 공부한다. 조바심은 내지 않되 서둘러 준비한다. 그렇게 공부했음에도 실력이 향상되지 않는다면 아무리 오래 공부해도 영어를 잘할 수 없다는 뜻과 같다.

이렇듯 일류는, 무슨 일을 하더라도 서둘러 준비한다. 그리고 그 결과에 조바심을 내지 않는다.

조바심만 내면 아무 일도 일어나지 않는다

가끔 나에게 "책을 내고 싶은데 어떻게 해야 할까요?"라고 묻는 사람이 있다. 그럴 때 조바심을 내는 사람은 "편집자를 소개해주세요" "출판사를 소개해주세요"라고 말한다.

하지만 책을 내고 싶다면 편집자를 만나는 일보다 원고를 쓰는 게 더 중요하지 않을까? 원고를 쓰는 일이 책의 우선 단계이기 때문이다.

원고도 쓰지 않은 채로 편집자를 만나고 싶다는 사람은, 훌륭한 편집자를 만난다고 해도 아무 일도 일어나지 않는다. 원고도 없는 상태에서 편집자가 책을 내자고 할 리는 없지 않은가!

조바심을 내며 결과를 추구하는 사람은, 준비 단계에 에너지를 쏟을 수 없다. 반면 서둘러 준비하는 사람은 준비하느라 바쁘기 때문에 결과는 생각하지 않는다.

이 두 사람 중 먼 훗날 누가 먼저 결승점에 도착할지는 안 봐도 뻔하다.

나는 지금 어떠한 속도로,
어떠한 마음으로 움직이고 있는가?

높은 자리에 올라가려고 아등바등하지 말고, 굉장해지면 된다. '굉장함'에는 경쟁자가 없다. 비교할 대상도, 싸울 상대도 없다. 자신만의 독자적인 노선을 걸어가면 그 길에 있는 사람은 본인 한 사람밖에 없기 때문에 비교 대상이 없다. 경쟁할 상대가 없는 것이다. 나만의 경기에 출전하라, 그리고 금메달을 목에 걸어라.

CHAPTER 4

스트레스를
이용해서
앞으로 나아간다

38

더
긴장하라

긴장하지 않으려 하면 더 긴장되는 게 사람 마음

회사에서 워크숍을 하거나 프레젠테이션을 할 때, 얼굴이 새빨갛게 달아오르며 말을 더듬는 사람이 있다. 이미 진정할 수 없을 만큼 긴장한 상태다.

"어떻게 하면 긴장하지 않을 수 있나요?"

"어떻게 하면 긴장감을 억제할 수 있나요?"

이렇게 묻는 사람에게 내가 하는 대답은 늘 똑같다.

"더 긴장하라!"

긴장을 억제하려고 하면 더 긴장하게 되는 것이 사람의 심리다.

하지만 긴장 상태는 생각보다 오래 지속되지 않는다. 어느 순간까지 긴장하면 긴장을 뛰어넘는 순간이 찾아온다. 그래서 나는 "긴장되고 너무 떨려요"라고 말하는 사람에게 "더 긴장하십시오"라고 대답한다.

긴장할 때는 긴장의 순간을 빨리 지나치면 된다. 안정이나 침착함, 릴랙스는 항상 긴장 너머에 있다. 따라서 긴장 앞에서 망설이거나 뒷걸음질 칠수록 긴장 상태는 더 오래 지속될 뿐이다.

나는 호프집 아들로 살며 술주정 부리는 사람을 어떻게 하면 재울 수 있는지 터득했다. 주정뱅이에게 찬물을 마시게 하는 건 좋은 방법이 아니다. 찬물을 주면 술이 깨면서 다시 취하고, 그러면 또 술을 먹고…. 나쁜 상황이 반복되어 모두에게 피해만 주게 된다.

이런 경우, 오히려 도수 높은 술을 소량 마시게 해 완전히 잠들 수 있도록 도와주는 게 더 좋다.

긴장감에도 이를 적용해볼 수 있다. 자신이 긴장했다고 생각되면 긴장을 없애려고 노력하지 말고 "좋아! 더 긴장하겠어!"라고 생각하는 편이 좋다. 긴장을 즐겨라. 그러면 어느 순간 마음이 저절로 편안해진다.

●●● ━━━━━━━━━━━━━━━━━━━━━━━

더 긴장하라, 그리고 즐겨라!
그게 침착해지는 비법이다

39

1%라도
좋아하는 걸 찾아라

좋아하는 일을 하고 싶다

회사에 다니는 사람 중에는 좋아하지 않는 일을 하는 사람이 훨씬 많다. 자신이 좋아하지 않는 일을 하면 불만이 생길 수밖에 없고, 항상 스트레스에 휩싸일 수밖에 없다.

"상사는 내가 싫어하는 일만 시킨다."

"내가 싫어하는 일은 하고 싶지 않다."

하지만 직장인 중 지금 하는 일을 좋아하는 사람이 과연 몇이나 될까? 좋아하지 않는 일을 하는 사람이 압도적으로 많지 않을까?

하고 싶은 일이 '하나'라면 나머지 '아홉'은 하고 싶지 않은 일인 경우가 대부분이다. 이럴 때 "내가 좋아하는 일만 할 수 있는 회사가 어딘가에 있지 않을까?"라고 생각하면 스트레스를 받게 된다.

그런 생각은 잠시 뒤로 제쳐두고, 지금 눈앞에 있는 일을 좋아해 보자. 그럴 수 있는 사람이 일류다.

좋은 부분을 발견하는 게 모든 일의 시작

서비스 업종에 있는 사람 중에는 이렇게 말하는 사람이 있다.

"모든 고객을 좋아하기는 너무 힘들어! 엄청난 에너지가 필요해!"

하지만 고객의 모든 면을 좋아하려고 노력할 필요는 없다. 고객과 결혼하는 건 아니지 않은가? 한 군데라도 괜찮은 점을 발견하면 될 뿐이다.

이 말을 일로 바꿔서 생각해보면, 일에서 한 군데라도 재미있는 부분을 발견하면 된다는 걸 뜻한다. 그러면 우리는 그 일을 지속해 나갈 수 있는 힘을 얻는다. 모든 면을 좋아하려고 하면 남는 건 스트레스뿐이다.

내가 운영하는 '나카타니 학교'를 찾는 직장인 중에는 이렇게 말하는 사람이 많다.

"아직 하고 싶은 일을 못 찾았는데 어떻게 하면 찾을 수 있을까요?"

"제가 어떤 일을 좋아하는지 잘 모르겠습니다."

이 세상의 어떤 일도 100% 좋아하기는 불가능하다. 아무리 좋아 보이는 일도, 아무리 멋져 보이는 일도 반드시 귀찮은 면이 세트로

붙어 있기 마련이다. 모든 면에서 좋아하는 일을 찾다 보면 생을 마감할 때까지 절대 찾지 못할지 모른다.

책을 쓰고 강연도 하고 드라마에도 출연하는 나를 보고 사람들은 이렇게 말한다.

"당신은 좋아하는 일만 해서 참 좋겠어요."

하지만 실제로는 "이 일을 하지 않겠습니까?" 제안받은 일에서 내가 좋아하는 부분을 발견한 쪽이 압도적으로 많다.

"내가 100% 좋아하는 일이 이 세상에 분명히 있을 거야!"

이런 기대감에 사로잡혀 있으면 "그 일이 대체 어디 있나?" 일생을 허비하게 된다.

지금 눈앞에 있는 사람에게서 좋아하는 부분을 발견하는 일은 그렇게 어렵지 않다. 1%라도 괜찮은 면이 누구에게나 있지 않을까?

영화도 마찬가지다. 처음부터 끝까지 좋은 영화도 있지만, 모든 영화가 다 그렇다고 할 수는 없다. 개중에는 눈을 씻고 찾아봐도 어디서 재미를 찾아야 할지 모르는 영화도 있다.

나는 그런 영화를 볼 때 이렇게 생각한다.

"이 영화의 스토리는 너무 평범하지만 이 대사는 내 마음을 울리는군."

"이 사람 의상이 아주 멋있는데?"

"이 엑스트라를 어디서 발굴했지? 아주 참신하게 생겼군."

이런 식으로 좋아하는 대사와 좋아하는 장면, 좋아하는 의상, 좋아하는 카메라 워크가 하나라도 있다면 그 영화는 볼만한 가치가 있다고 생각한다. 어디가 재미있는지 알 수 없던 영화라도, 친구에게 마음에 드는 대사를 말하다 보면 뜻밖의 정이 생기기도 한다.

"이 영화는 이 대사가 참 좋더군."

"그래, 멋진 대사네. 그래서 어떻게 되는데?"

"다음에는 이렇게 돼."

"와아, 재미있겠다!"

그러는 사이 왠지 영화가 좋았다는 기분이 든다.

편의점에 가서 아무런 목적 없이 어슬렁어슬렁 돌아다니는 경우가 있다. 과자 코너에서 신상품을 발견한 순간 "이런 과자가 나왔군. 이런 건 처음 보니까 한 번 먹어볼까?"라고 바구니를 드는 순간 그것만 사고 나오는 일은 거의 없다. "어차피 계산해야 하니까 이것도 사고 저것도 사자"라는 식으로 다른 상품까지 사는 현상이 일어난다.

그런데 사고 싶은 물건이 있어서 바구니를 들어도 그 물건이 눈에 띄지 않으면 그냥 바구니를 내려놓게 된다.

　일에서도 이와 똑같은 현상이 벌어진다. 어느 한 군데라도 자신이 좋아하는 부분을 발견하면, 고구마가 넝쿨째 나오듯 좋아하는 부분이 딸려 나오게 된다.

　자신의 일을 좋아하기 위해서는 한 가지 방법밖에 없다. 좋아하는 부분을 작게라도 찾는 일이다.

내가 지금 하는 일의 좋은 점을
입 밖으로 말해보자

40

도망칠수록 '불편'은
더 불편해진다

너 정말 불편해!

사람에게는 누구나 불편한 사람이 있기 마련이다. 될 수만 있다면 불편한 사람은 피하고 싶은 게 우리 모두의 마음이다. 하지만 불편한 사람이 회사 상사라면 피하고 싶어도 절대 피할 수 없다.

불편한 사람으로부터 도망칠수록 그 사람과는 더욱 불편한 관계가 된다.

"○○씨는 불편하다"라고 스스로 확신한 순간, 그 말이 자신의 뇌를 압박해 상대와의 관계는 더욱 불편해진다. 더욱이 주위 사람에게 "나는 ○○씨가 정말 불편해"라고 말하는 순간, 그 관계의 불편함은 급속도로 발전한다. 이전에는 불편하다고 느끼지 않았을 문제도 더욱 신경 쓰게 된다.

처음부터 불편한 사람이 있는 게 아니다. 불편하다고 표현한 사람을 더욱 불편하게 느끼게 될 뿐…. 말에는 영혼이 담기기 때문이다.

178

매너 좋게, 뻔뻔하게 안기자

　불편한 사람은 어떻게 대하는 게 좋을까? 정답은 간단하다. 불편한 사람을 만나면 그 즉시 상대의 품으로 뛰어들면 된다. 상대의 품으로 뛰어드는 게 애초에 뻔뻔한 행동인 만큼, 당당하게 행동하는 게 좋다.

　상대와 거리를 둘수록 상대의 존재는 더욱 스트레스가 된다. 그런 마음은 상대에게도 전해져 "저 사람이 나를 싫어하는 건 아닐까?" 의심의 눈초리로 바라보게 한다. 그러니 그 전에, 상대의 품으로 뛰어들어 보자.

　상대의 품으로 뛰어들 때는 매너와 뻔뻔함을 겸비해 과감하게 뛰어드는 게 중요하다.

●○○─────

　　　　불편한 사람의 품으로 지금 당장 뛰어들자,
　　　　뻔뻔하게! 매너 있게!

41

○

숨기지 마라,
드러내라

사람의 시선은 감춰진 곳으로 향한다

대머리가 신경 쓰여 1대 9로 가르마를 타던 A란 남성이 어느 날 과감하게 머리를 밀고 나타났다. 그러자 사람들이 깜짝 놀란 표정을 지으며 "훨씬 보기 좋군. 키도 커진 것 같아!"라고 칭찬을 쏟아냈다.

B는 뚱뚱한 모습을 감추기 위해 평소에 헐렁한 옷을 입고 다녔다. 그런데 어느 날 몸에 딱 붙는 옷을 입었더니 사람들이 눈을 동그랗게 뜨며 "살 빠졌어? 다이어트한 거야?"라고 물었다.

C는 목주름이 신경 쓰여서 항상 목에 머플러를 감고 다녔다. 그러다 어느 날 머플러를 빼고 목을 드러냈더니 사람들이 "와아! 무슨 일 있었어요? 젊어진 것 같아요!"라고 일제히 말했다.

이미 눈치를 챘겠지만, 이 세 가지 에피소드에는 한 가지 공통점이 있다. 자신의 단점이라고 여기는 부분을 겉으로 드러낸 순간, 이류의 스트레스에서 벗어났다는 점이다. 이런 식으로 평소에 신경 쓰던 부분을 당당하게 내놓으면 자기긍정감이 올라가게 된다.

사람의 시선은 감추는 곳으로 향하는 법이다.

그런데 막상 단점이라고 여긴 곳을 당당하게 내놓으면 아무도 알아차리지 못한다. 오히려 그 점이, 장점으로 바뀌는 일도 드물지 않다.

사람들은 타인의 신체에 생각보다 관심이 없다. 따라서 숨기고 싶은 부분이 있다면 과감하게 내놓는 편이 좋다. 그러면 어디서나 당당하게 행동할 수 있게 된다.

●○○────────────────────────

지금 내가 감추고 있는 건 무엇인가?

42

쪼잔해지지 마라,
대범해져라

쪼잔함과 대범함은 한 끗 차이

세상에 이기심 없는 사람이 어디 있으랴. 이기심은 가져도 좋다. 그리고 가질 바에야 큰 이기심을 가져야 한다. 작은 이기심을 가지면 쪼잔하다는 말을 들을 뿐이고, 그것은 결국 이류의 스트레스를 낳는다.

반면 큰 이기심은 일류의 스트레스가 되어 성장의 밑거름으로 작용할 수 있다.

나는 지금 볼룸댄스를 가르치고 있는데, 춤을 배우는 사람에게 흔히 듣는 불평이 있다.

"선생님이 나보다 저 사람을 더 오래 가르치네? 저 사람이 더 젊고 예쁘기 때문이야!"

그렇지 않다고 설명해도 그들은, "아니에요. 제가 시간을 재봤는데 분명히 그랬어요"라고 대답한다. 그런 사람에게는 이렇게 말하고 싶어진다.

"그럴 시간이 있으면 연습이나 더 하세요!"

무언가를 배울 때, 다른 사람과 비교해가며 자신을 더 많이 봐달라고 하는 건 작은 이기심이다. 그와는 반대로 다른 사람에게는 신경 쓰지 않고 "나는 더 잘하고 싶다" 자신에게 집중하는 건 큰 이기심이다.

발전하고 싶다는 마음도 이기심에 포함된다. "나는 더 잘하고 싶다"라고 생각하는 사람은 자신이 배우는 시간뿐 아니라 다른 사람이 배우는 시간에도 선생님에게 시선을 고정한다. 그리고는 "아하, 저렇게 하면 되는구나. 그래, 저거야" 하면서 전부 흡수하려고 한다. 누군가가 자신에게 주목하지 않아도 자신의 발전에 몰두하며 계속 노력한다. 쪼잔한 이기심으로 나 몇 분, 저 사람 몇 분 시계만 쳐다보지 않는다.

큰 이기심을 가진, 성장하려는 자는 "나를 더 짧게 가르친다"고 불평하는 사람의 몫까지 흡수해내고야 만다.

● ○ ● ━━━━━━━━━━━━━━━━━━━━━━━━━━

이 세상에 이기심 없는 사람은 없다
기왕 가질 바에야 큰 이기심을 가져라

43

돈과 권력보다 중요한 건
시간이다

권력자가 절대 가질 수 없는 것

조직에서 일하는 사람이 원하는 세 가지가 있다.

첫째, 보수를 많이 받으면 좋겠다.

둘째, 잘했다는 칭찬을 듣고 싶다.

셋째, 고맙다는 말을 듣고 싶다.

그런데 이 세 가지는 어느 정도 채워지면 한계에 부딪힌다.

돈을 아무리 많이 받아도 일정 부분에 도달하면 더 이상 만족도가 높아지지 않는다. 일을 잘한다는 칭찬도, 일을 잘해줘서 고맙다는 인사도 어느 순간부터는 더 이상 기분을 좋게 만들지 못한다.

하지만 이럴 때, 사람의 기분을 좋게 만들어주는 게 있다. 바로 시간이다. 우리의 행복은 시간 안에서만 찾을 수 있기 때문이다.

어느 대기업의 경영자가 은퇴를 했다. 그 이후 그의 얼굴에서는 웃음이 끊이지 않았고 나이도 열 살은 더 젊어 보였다.

이유를 물어보자 그는 이렇게 대답했다.

"이제야 겨우 내가 좋아하는 일을 할 수 있게 됐다네!"

기업의 최고 경영자는 자신의 말을 할 수 없다. 부하 직원이 쓴 원고를 읽고, 부하 직원이 한 일을 검토할 뿐이다. 자신이 한 말이 아니기에, 자신이 한 일이 아니기에 그는 그것을 진심으로 좋아할 수 없다.

"최고 경영자라면 자기 마음대로 할 수 있지 않을까?"

"지위나 명예를 얻으면 자기가 원하는 대로 살 수 있지 않을까?"

많은 사람이 이런 착각에 사로잡혀 있다.

하지만 지위가 높아질수록 자유는 줄어들게 된다. 신입 사원으로 있는 편이 오히려 더 마음대로 행동할 수 있을 때다.

사회에서는 자기보다 어린 사람에게 지위나 연봉을 추월당하는 경우를 흔히 볼 수 있다. 그런 사람의 입에서는 불평, 불만이 끊이지 않는다.

하지만 그 사람은 자신을 추월한 사람에게는 없는 소중한 것을 가지고 있다. 바로 시간이다. 그 시간 속에 자유와 만족감이 있다고 생각하면 된다.

돈과 시간은 반비례한다. 돈이 늘어나면 시간은 줄어들고, 시간이 늘어나면 돈은 줄어든다. 이 중 어느 쪽을 선택하느냐, 이 차이를 볼 수 있느냐 없느냐에 따라 일류와 이류로 나누어진다고 할 수 있다.

나에게 더 중요한 가치는 무엇인가
권력인가, 시간인가?

44

어차피 틀릴 문제,
직감으로 선택하라

맞으면 행운이다

사회생활은 결정의 연속이다. 하루에도 크고 작은 결정을 잇달아 해야 한다.

시간을 들여 내린 결정이든, 직감을 통해 내린 결정이든 틀릴 때는 틀리는 법이다. 결정이 정답인 경우는 그렇게 많지 않다.

결정이 틀려도 일에 별다른 지장이 없는 이유는, A를 선택하든 B를 선택하든 큰 차이가 없기 때문이다. 여기서 큰 차이를 만드는 일은 '결정할 때까지 어느 정도의 시간이 걸렸느냐' 뿐이다.

이류는 곰곰이 생각했다가 틀리고, 일류는 그 즉시 결정했다가 틀린다. 시간을 들이지 않았다는 건 직감으로 결정했다는 뜻이다. 직감으로 결정해서 틀리는 편이 스트레스가 더 적은 건 분명하다.

그러니 어차피 틀릴 바에야 직감으로 결정하는 게 낫지 않을까? 어떤 결정이든 틀리는 게 당연하다고 생각하면, 우연히 맞았을 때 더 기분 좋은 법이다.

제품을 만들어 시장에 내놓았을 때, "왜 잘 팔리지 않을까?"라고 고민할 필요는 없다. 팔리지 않는 게 당연하기 때문이다. 오히려 "잘 팔리면 행운이다!"라고 생각하는 편이 좋다.

그렇다고 제품을 적당히 만들어서는 안 된다. 모든 사람이 좋은 물건이라는 사실을 알 수 있도록 최선을 다해 만들어야 한다.

이류는 "좋은 물건을 만들었는데 왜 안 팔리지?"라는 마음으로 있지만, 일류는 "잘 팔리면 행운이다!"라는 마음으로 있다. 일류의 마음으로 있을 때 행운이 찾아온다.

●○○ ─────────────

시간은 금이다,
불확실하다면 고민의 시간은 짧아야 한다

45

○

경쟁에 휘둘리지 마라,
나만의 노선을 걸어라

소모하는가? 절약하는가?

높은 자리에 올라가려고 하면 주변 사람과 끊임없이 경쟁해야 한다. 경쟁을 위해서는 정신적인 에너지와 육체적인 에너지 모두가 필요하다. 그러면 많은 에너지를 소모하게 되고 결국 스트레스가 쌓일 수밖에 없다.

이류의 스트레스는 '소모'의 스트레스고, 일류의 스트레스는 '절약'의 스트레스다. 그러면 소모와 절약은 무엇인가? 사용하지 않아도 되는 곳에 사용하는 게 소모이고, 사용해야 하는 곳에 제대로 쓰기 위해 최대한 억제하는 게 절약이다.

일류가 되고 싶다면 경쟁에 휘둘리지 말고, 에너지를 최대한 절약하는 방향으로 나아가야 한다. 진짜 사용해야 할 때를 위해 방전되지 말아야 한다.

그러기 위해서는 높은 자리에 올라가려고 아등바등하지 말고, 꿍

장해지면 된다. '굉장함'에는 경쟁자가 없다. 비교할 대상도, 싸울 상대도 없다. 자신만의 독자적인 노선을 걸어가면 그 길에 있는 사람은 본인 한 사람밖에 없기 때문에 비교할 대상이 없다. 경쟁할 상대가 없는 것이다.

훌륭해지려는 사람 vs 굉장해지려는 사람

이 세상에는 두 가지 유형의 사람이 있다. 훌륭해지려는 사람과 굉장해지려는 사람이다.

훌륭해지려는 사람은 정확하게 살기 위해 애를 쓴다. 실수도 용납할 수 없는 삶. 그 결과 그는 다른 사람과 똑같이 살기로 결심한다.

반면 굉장해지려는 사람은 이렇게 생각한다.

"어떻게 하면 평범한 사람과 다르게 살 수 있을까?"

"어떻게 하면 정답에서 멀어질 수 있을까?"

이런 생각은 삶의 원동력으로 작용한다. 물론 굉장한 삶을 사는 사람도 스트레스를 받는다. 하지만 이는 어디까지나 성장을 위한 스트레스다.

인도의 어느 운동회에는 경기 종류가 7백 가지나 된다고 한다. 그리고 그 운동회에 참가하는 사람도 7백 명이다. 한 사람이 한 경기에 참가하기 때문에 전원이 금메달을 목에 건다. 어떻게 해서 이길 수 있었는지, 그 경기의 법칙이 무엇인지는 금메달을 목에 건, 그 경기를 만든 당사자밖에는 알지 못한다.

굉장해지는 삶이란 자신이 만든 경기에 출전해 금메달을 받는 운동회와 같다. 이런 삶도 멋지지 않을까?

●○○●────────────────────────

경쟁하는 경기에 출전하지 마라,
나만의 경기에 출전하라

46

'이번이 마지막이다'라는
마음으로 임하라

잠시 사는 것 vs 계속 사는 것

힘든 상황에 처해 있을 때 가장 괴로운 일은, 언제쯤 이 상황에서 빠져나갈 수 있을지 한 치 앞도 안 보일 때가 아닐까.

"영원히 이 상황에서 벗어나지 못하는 게 아닐까?"

"영원히 밑바닥에서 헤매야 하는 게 아닐까?"

이렇게 생각한 순간, 인간은 극단적인 선택을 하기도 한다.

하지만 이럴 때, 밑바닥도 한순간이라고 생각하면 그렇게 괴롭지 않다.

따뜻한 지역에 사는 사람들은 눈이 많이 내리는 곳에 사는 사람을 부러워한다.

"눈이 많이 내리는 곳에 사는 사람들은 좋겠다. 눈싸움도 하고, 눈사람도 만들 수 있잖아."

눈을 치우는 게 얼마나 힘든지 모르기 때문이다.

"시골 사람들은 참 좋겠다. 매일 아름다운 자연을 보고 느긋하게 살 수 있어서."

도시 사람이 이렇게 말하면 시골 사람은 아마 이렇게 답할지 모른다.

"계속 살아봐! 얼마나 할 일이 많고 얼마나 힘든지 알 테니까!"

'잠시 사는 것'과 '계속 사는 것'은 전혀 다른 문제다.

이번이 마지막이다!

상대하기 어려운 상사와 아주 까다로운 고객이 있다고 하자.

"이 상사 밑에서 영원히 일해야 하는가?"

"이 무서운 고객을 영원히 상대해야 하는가?"

그렇게 생각하면 당장이라도 회사를 때려치우고 싶다. 하지만 이럴 때, 일류는 마음속으로 마법의 말을 중얼거린다.

"이번이 마지막이다!"

이번이 마지막이라고 생각한 순간, 사람은 상상을 초월할 만큼 강해질 수 있다.

"회사를 그만두면 저 사람은 더 이상 내 상사가 아니야. 그러니까 이런 빈정거림을 듣는 일도 이번이 마지막이야."

"이 고객에게 고개를 숙이는 건 이번이 마지막이야. 회사를 그만 두면 더 이상 내 고객이 아니니까."

이렇게 생각하면 아무리 힘든 상황도 얼마든지 이겨낼 수 있다. 이번이 마지막이라고, 경기가 끝나고 덤으로 주어진 '로스타임'이라고 생각하면 없던 힘도 생긴다.

애인에게 홧김에 헤어지자고 말한 사람이 있다. 이때 스트레스를 느꼈다면, 애인과 헤어지고 싶지 않기 때문에 생긴 스트레스라고 할 수 있다. 그런 경우에는 이렇게 생각해 보는 게 어떨까?

"좋아, 이 사람과 헤어지자. 오늘이 마지막이다."

그렇게 생각하고 애인을 보면 갑자기 좋은 점이 눈에 들어오기 시작한다. 그 사람의 단점보다 장점을 먼저 바라볼 수 있는 힘이 생긴다. 그럴 때는 용기를 내어 화해의 말을 건네면 관계가 개선될 수 있다.

하지만 만약 이 마음으로 애인을 만났는데 정말 미련 없이 헤어지고 싶은 생각이 든다면, 그때는 헤어지지 못해 스트레스가 생긴 경우다. 그럴 땐 깔끔하게 헤어지면 된다.

다만 한 가지 주의해야 할 점이 있다. 그 말을 소리 내어 말해서는 안 된다는 점이다.

스트레스가 머리끝까지 차올랐을 때는 마음속으로만 '이번이 마지막이다!'는 마법의 말을 중얼거려 보기를 바란다.

마법의 주문을 외쳐라,
이번이 마지막이다

47

○

'그만두고 싶다' 백번 말고,
'그만두겠다' 한 번 말하라

결심이 선 마지막 순간에

광고회사에 다니던 28살 무렵, 회사에서 전근 지시가 내려왔다. 나는 그 지시가 불합리하게 느껴졌다. 그래서 즉시, 그 지시를 거절하고 "그만두겠습니다!"라고 말했다.

"그만두겠습니다!"라고 말했을 때만큼 회사 생활을 하며 가슴이 후련했던 적이 없다. 월급쟁이로서 마음속에 품고 있던 그 말을 드디어 입 밖으로 꺼낸 순간이기 때문이다.

아무에게도 말하지 않고 비밀로 했는데, 복도에서 만난 친한 후배가 이렇게 말했다.

"선배, 그만두세요?"

"어떻게 알았어?"

"그렇게 싱글벙글 웃고 다니시는데 어떻게 모르겠어요? 그것도 모르면 바보죠."

싱글벙글 웃으려는 생각은 전혀 없었는데, 나도 모르게 그 마음이 얼굴에 배어 나왔다. 그 이후 글을 쓰고 강연을 하고 TV에 출연하는 지금도, 정말로 참기 힘든 순간이 있다. 그런 때도 나는 마음속으로 "이번이 마지막이다"라고 중얼거리고는 한다.

우리가 그만둘지 말지 망설이거나, 헤어질지 말지 주저하는 이유는 아직 결심이 서지 않았기 때문이다. 그런 상황에서 불합리한 일을 당하면 잠시도 망설이지 않고 결심할 수 있으므로, 오히려 상대에게 "그따위로 행동해줘서 고마워. 결정하기 쉬워졌어!" 감사해해야 한다. 불합리한 일을 당하면 오히려 결심하기가 쉬워진다.

그만둘 때는 주변 사람에게 "그만두고 싶다"는 말을 흘리지 말아야 한다. 그 말은 마음속에만 간직한 채 모든 게 정리된 순간 딱 한 번만 내뱉어야 한다.

그만두고 싶은 백번의 순간은 가슴 속에만 간직하라.
결심이 선 마지막 순간에 한방을 노려라.

48

좋은 일과 나쁜 일은
항상 번갈아 온다

제행무상에 대한 오해

불교용어 중에 제행무상諸行無常이란 말이 있다. '우주의 모든 사물은 늘 돌고 변하여 한 모양으로 머물러 있지 아니한다'라는 뜻이다. 그런데 많은 사람이 제행무상 뜻을 다음과 같이 오해하고 있다.

"좋은 일은 계속되지 않는다!"

힘들고 어려운 상황에 처한 사람에게 구원의 손길을 내미는 종교가 불교다. 그런 불교에서 "좋은 일은 계속되지 않는다"라고 가르칠 리는 없지 않을까? 절망에 빠진 사람에게 "좋은 일은 계속되지 않는다"라고 말해서 더욱더 절망의 구렁텅이로 밀어 넣는 종교가 세상 어디에 있으랴.

제행무상의 진정한 뜻은 "좋은 일도 계속되지 않고 나쁜 일도 계속되지 않는다"이다.

힘든 상황에 처했을 때 "이런 밑바닥 인생이 영원히 계속되지 않을까?"라고 생각하면 눈앞이 캄캄해진다. 그렇게 참담한 인생이 계속된다고 생각하면 아마 그 순간 숨이 멈출지도 모른다.

하지만 좋은 일도, 나쁜 일도 계속되지 않는다. 좋은 일과 나쁜 일은 항상 물결처럼 바뀌어 온다.

"지금 내리막길에 있어서 어떻게 해야 할지 모르겠습니다."

이렇게 말하는 사람에게 나는 다음과 같이 조언한다.

"지금 내리막길에 있다면 당분간 더 나빠지겠지요. 그 대신 바닥에 도착하면 이제 위로 올라오는 일만 남았습니다."

나쁜 일만 영원히 계속되는 일은 없기 때문이다.

나쁜 일만 영원히 계속된다고 생각하지 마라

일하다 실패했을 때 "이걸 누구에게 말해 볼까?"
라고 생각해 보자. 실패를 남에게 말하려고 하면,
이야기를 좀 더 과장하고 싶은 게 사람의 마음이
다. 그러면 "실패를 더 강조하거나 상황을 더 수치
스럽게 만들 수는 없을까?" 여유마저 탄생한다. 일
류는 실패에 좌절하고 있을 시간이 없다. 이 경험
을 통해 무엇을 배워나갈지 치열하게 생각하기에
도 바쁘다.

CHAPTER 5

이류의 스트레스를
일류의 스트레스로
만들자

49

○

원치 않는 게 있다면
큰소리로 외쳐라

오지 마! 제발 오지 마!

동네 야구 최하위 팀에게는 시합할 선수를 모으는 게 여간 어려운 일이 아니다. 모으는 일도 문제지만, 경기 운영은 더욱더 쉽지 않다.

최적의 경기를 위해 공이 날아가지 않을 만한 곳에 가장 실력 없는 선수를 세워도 꼭 이상한 일이 일어난다. 그런 때일수록 타자가 친 공이 항상 그곳으로 날아가는 우연!

공은 "오지 마! 제발 오지 마!" 마음속으로 되뇌는 곳으로 날아간다. "좋아, 이쪽으로 와라! 얼마든지 잡아주겠어!"라는 곳으로는 절대 날아가지 않는다.

게임이든 운동이든 인생이든, 제발 오지 않기를 바라는 일이 항상 자신에게 오기 마련이다. 그러면 절망이 온몸을 짓누르며 좌절의 늪에 빠지게 된다. 그런 상황을 극복하는 가장 좋은 방법은 "오지 마! 제발 오지 마!"라고 생각하는 상태에서 빠져나가는 일이다.

그런 상황을 피할 수 있는 방법이 또 한 가지 있다. 간결하고도 단호하게 소리치면 된다. 바로 이렇게!

"오지 마!"

수재가 많기로 소문난 일본 가이세이 고등학교開成高等學校. 그곳의 야구부가 전국의 강호를 누르고 고시엔 대회에서 16강에 들어간 적이 있다.

그때 야수들은 목청껏 이 말을 외쳤다고 한다.

"이쪽으로 치지 마!"

말은 엄청난 효과를 발휘한다. 다른 사람 눈에는 한심해 보일 수도 있지만, 목청껏 소리침으로써 공을 이겨낼 수 있다.

●○●────────────────────────────

마음으로만 떨지 말고 목청껏 소리쳐라

50

○

'최악'을 자랑하라

최악의 상황을 대처하는 자세

최근 독특한 디자인과 고급 시설로 여성들에게 인기를 끌고 있는 부티크 호텔이 있다. 그 호텔의 총지배인을 알고 지내기에 "요즘 어떻습니까?"라고 물어보았다. 그러자 그는 이렇게 말하며 호탕하게 웃었다.

"아아! 요즘 최악이야!"

웃으면서 최악이라고 말하는 걸 보고 그 사람의 배포와 그릇을 엿볼 수 있었다. 비록 지금은 힘들지 몰라도, 곧 다시 안정권에 들어가리라는 확신을 호텔 총지배인의 자세에서 충분히 느낄 수 있었다.

사람은 누구나 최악의 상태에 처할 때가 있다. 그리고 그 상황을 다른 이에게 어떻게 설명하느냐? 이에 따라 우리는 일류와 이류로 나누어 질 수 있다.

최악의 상황에 처하면 이류는 어찌할 바를 모르고 우왕좌왕한다. 당황스럽고 놀라운 마음에 순간적으로 그럴 수는 있지만, 그 상황에서 최대한 빨리 벗어나야만 앞으로 나아갈 수 있다.

일류는 그 상황을 웃으면서 말하거나 자랑스럽게 말할 줄 안다. 그러한 마음으로 있어야 해결책도 떠오르고 발전하는 경험도 쌓을 수 있다. 이때의 스트레스는 당연히 플러스 스트레스다.

좋지 않은 일이 있거나 좋지 않은 상황에 처해도, 일류는 그 상황을 웃음으로 넘길 수 있다. 자신의 불운한 상황이나 비참한 운명을 한탄하는 순간, 이류로 추락한다는 사실을 일류는 너무나도 잘 알고 있기 때문이다. 힘든 상황일수록 그 순간을 잘 기념해두어라. 그게 좋은 날에도, 힘든 날에도 큰 에너지가 될 수 있다.

최악의 순간을 대하는 나의 자세는 어떠한가?

51

○

내가 처한 슬픔을
객관적으로 바라봐라

객관적으로 바라보는 연습

기나긴 인생을 살다 보면 누구나 슬픔의 밑바닥으로 떨어질 때가 있다. 직장에서도 그렇고 사적인 영역에서도 그렇다. 그런 경우에 어떻게 행동하는지를 보면 그 사람이 일류인지 이류인지를 알 수 있다.

최악의 순간에 처했을 때 시를 나지막이 읊조리는 사람이 있다. 시는 슬프다든지 기쁘다든지 직접적인 감정 표현을 하지 않는다. 다만 자연과 풍경을 묘사할 뿐이다. 이런 사람은 일류 중 일류라고 할 수 있다.

슬픔의 밑바닥으로 떨어졌을 때, 이류는 한탄의 감정을 드러내고 일류는 시를 읊조린다.

지금 외롭다고 해서 시에 외로움을 적나라하게 표현하는 건 좋지 않다. 외롭고 쓸쓸한 자신을 하늘 위에서 바라보며 은유적으로 표현하는 사람이 진정한 일류라고 할 수 있다.

"살다 보면 이런 때도 있지 않은가!"라고 웃으면서 자신을 위로하는 사람은 얼마든지 슬픔을 이겨낼 수 있다.

자신의 불행을 객관적으로 묘사할 수 있느냐 없느냐에 따라, 불행에서 벗어날 수 있느냐 없느냐가 정해진다. 중요한 건 시를 짓는 일이 아니다. 시를 통해 자신의 상황을 객관적으로 바라보는 일이다.

인생의 밑바닥에서 시를 읊조려라

52

실패를 당당하게 말하라

창피한 일, 누구에게 말해볼까?

몸의 부끄러운 부분을 감추듯 이류는 실패를 감춘다. 실패를 수치
스럽게 여기기 때문이다. 하지만 실패를 감추기만 하면 그 사람은
절대로 일류가 될 수 없다. 자신의 실패를 당당하게 말한 순간, 그
실패는 더 이상 수치스럽지 않게 된다. 그 사람의 스토리가 되고, 그
사람의 발전 과정을 보여주는 좋은 이야깃거리가 된다.

일하다 실패했을 때 "이걸 누구에게 말해 볼까?"라고 생각해 보
자. 실패를 남에게 말하려고 하면, 이야기를 좀 더 과장하고 싶은 게
사람의 마음이다. 그러면 이러한 여유마저 탄생한다.

"실패를 더 강조하거나 상황을 더 수치스럽게 만들 수는 없을까?"

그런 의미에서 볼 때, '일기'는 자신을 표현하는데 가장 좋은 수
단이라고 할 수 있다. 그래서 나는 작가가 되고 싶다는 사람에게 반
드시 일기를 쓰라고 권하고 있다.

예를 들어 치과에서 충치 치료를 받았다고 하자. 나는 글을 쓰는 사람이기 때문에 치료를 받는 동안 이런저런 생각을 한다.

"아프다는 말로는 부족한데, 이 통증을 의사에게 뭐라고 표현할까?"

"이 통증을 전할 수 있는 좋은 단어는 없을까?"

그렇게 생각하면 나도 모르는 사이에 이렇게 말하고 싶어진다.

"선생님, 죄송하지만 아픔에 대한 표현이 잘 떠오르지 않으니 더 아프게 해주지 않겠습니까?"

믿기 어려울지 몰라도 실제 내 경험에서 나온 이야기다. "이 경험을 통해 무엇을 남길 수 있을까?" "이 경험을 어떻게 전할 수 있을까?"라고 생각하면 이류의 스트레스에서 벗어날 수 있다.

자신의 실패를 이렇게 말할 수 있다면, 그 사람은 진정한 일류가 아닐까? 일류는 실패에 좌절하고 있을 시간이 없다. 이를 통해 자신을 어떻게 잘 표현할 수 있을지, 이 경험을 통해 무엇을 배워나갈지 치열하게 생각하기에도 바쁘다.

●○○ ────────────────────

수치스러운 이야기를 당당하게 꺼내라, 그 순간 더 이상의 수치심은 없다

53

'이건 안 된다'는
생각의 브레이크에서 발을 떼라

찌익, 머릿속 브레이크

"이건 이렇게 하면 안 된다."

"저건 저렇게 하면 안 된다."

사사건건 자기 생각에 브레이크를 밟는 사람이 있다. 그러면 일을 할 수 없을 뿐 아니라 스트레스가 쌓이게 된다.

스트레스를 극복하기 위해서는 머리에 좋은 아이디어가 떠올라야 한다. 그런데 생각의 브레이크를 밟는 순간, 뇌는 생각을 멈추고 그 자리에서 꼼짝도 하지 않는다. 그럴 때는 브레이크에서 발을 떼고 머리에 자유를 주어야만 뇌가 활발히 움직일 수 있다.

많은 사람이 자기 생각에 브레이크를 밟으며 스스로를 구속하고 있다. 무의식중에 두 손과 두 발을 꽁꽁 묶어서 움직일 수 없게 만든다.

일단 자신을 구속하고 있는 생각의 브레이크에서 발을 떼기 바란다. 액셀을 밟을 필요도 없이 브레이크에서 발을 떼기만 해도 웬만한 문제는 모두 해결된다.

이류는 브레이크와 액셀을 한꺼번에 밟는다. 사이드 브레이크까지 올린 채 입에서 비명을 지르며 정신없이 달려가려고 한다. 그러면 차가 고장 나는 건 물론이고 다른 사람도 다치게 하지 않을까?

뇌에 자유를 주려면 브레이크에서만 발을 떼면 된다. 그러면 힘든 상황에서 빠져나갈 수 있는 멋진 아이디어가 떠오를 것이다.

●○○ ─────────────────────────

브레이크에서 발을 떼라,
뇌에 자유를 주어라

54

나를 싫어한다?
나를 두려워한다고 생각하라

개가 짖는 이유는 간단하다

상사가 엄격하게 말하면 이렇게 생각하는 사람이 있다.

"우리 상사는 나를 싫어한다. 그래서 틈만 나면 잔소리를 한다."

하지만 실제로는 당신을 싫어하는 게 아니라 두려워하는 것이다.

개의 세계도 마찬가지다. 강한 개는 약한 개를 보고 짖지 않는다. 약한 개가 강한 개를 보고 짖는다.

상대를 보고 짖는 이유는 '싫어하기' 때문이 아니라 '무섭고 두렵기' 때문이다. 얼마든지 이길 수 있는 상대에게는 개도 사람도 짖지 않는다.

상대가 자신을 향해 짖을 때는 자신을 싫어한다고 생각하지 말아야 한다. 자신을 싫어한다고 생각한 순간, 마음의 밑바닥에 스트레스가 차곡차곡 쌓이게 된다. 반면에 자신을 두려워한다고 생각하면 스트레스는 쌓이지 않고, 오히려 여유를 가지고 상대를 내려다볼 수 있게 된다.

부하직원만 상사에게 겁을 먹고, 학생만 선생에게 움찔거린다고 생각하지 마라. 상사가 부하직원에게 겁을 먹을 수도 있고, 선생이 학생에게 움찔거릴 수도 있다.

상대가 사회적인 지위를 이용해 억누르려고 할 때는 이렇게 생각하라.

"겁쟁이 녀석. 내가 무섭고 두렵군?"

이러면 상대가 어떤 말을 해도 당당하게 대처할 수 있지 않을까?

싫어하기 때문이 아니다
무섭고 두렵기 때문이다

55

상대의 실수를
가슴 아파하라

누구나 사정은 있다

일을 하다 보면 상대가 말도 안 되는 실수를 저지르거나 상대의 잘못을 자신에게 떠넘기는 경우가 있다.

이런 경우 사람은 두 가지 유형으로 나뉜다.

도저히 참지 못하고 상대에게 화를 내는 사람과 "이 사람도 참 힘들겠군" 생각하면서 상대를 가엾게 여기는 사람이다. 말을 하지 않아도 알겠지만, 전자가 이류고 후자가 일류다.

부조리한 일을 당한 경우, 이류는 "용서할 수 없다"고 생각하며 상대에게 화를 낸다. 그에 비해 일류는 "이 사람도 힘들겠군" 생각하며 상대를 가엾게 여긴다.

"이 사람에게도 사정이 있었겠지. 먹고 살아야 해서 어쩔 수 없었을 거야. 가족도 있을 테니까 얼마나 힘들까?" 가슴 아파하는 것이다.

택시 운전사가 길을 잘못 들어서 한참을 돌아갔다고 하자. 그런 경우에 이렇게 생각하는 거다.

"길을 잘못 들었을 때 미터기를 멈추라고 미리 말해줄 걸 그랬군. 그러면 택시비 가지고 싸우지 않아도 됐을 텐데. 이 사람도 참 안됐군."

"이렇게 계속 싸우면 위험해. 교통사고가 날 수도 있으니까. 사고를 피하려면 일단 둘 다 마음을 가라앉혀야 해."

이렇게 생각한 순간, 분노의 감정은 가라앉게 된다.

상대의 처지에서 생각하라,
그게 결국 나를 위한 길이다

56

쓸데없는 고생을
과감히 끊어라

이렇게 되면 어쩌지? 저렇게 되면 또 어쩌나?

고생에는 두 가지가 있다. '쓸데없는' 고생과 '진짜' 고생이다.

쓸데없는 고생은 아직 일어나지 않은 사건에 대해 머리를 감싸고 고민하는 일이다. 사회생활을 할 때, 고생은 마치 세트처럼 따라다닌다. 하지만 아직 일어나지 않은 일까지 걱정하며 쓸데없이 고생할 필요는 없지 않을까?

우리가 쓸데없는 고생을 하는 이유는 오직 하나, 아직 고생의 양이 적기 때문이다.

쓸데없는 고생과 진짜 고생의 합계는 누구에게나 똑같다. 쓸데없는 고생이 늘어나면 진짜 고생은 줄어들고, 쓸데없는 고생이 줄어들면 진짜 고생이 늘어난다. 그럴 바에야 진짜 고생을 하는 게 낫지 않을까?

쓸데없는 고생을 하지 말라는 이유는, 쓸데없는 고생은 끝없이 확대되는 특징을 가지고 있기 때문이다. 반면에 진짜 고생은 끝없이 확대되지 않는다. 그것으로 끝이다. 더 이상 꼬리를 물지 않는다.

"만약에 이렇게 되면 어떡하지?"

아직 오지 않은 미래에 대한 걱정은 결국 쓸데없는 고생으로 끝나게 되어있다.

쓸데없는 고생은 끝없이 확대된다

해외여행을 간다고 가정해보자. "호텔의 헤어드라이어는 바람이 세지 않으니까 집에 있는 드라이어를 가져갈까?"라고 생각하며 드라이어를 넣는다. 드라이어는 결코 부피가 작지 않다.

"잠깐만. 전압은 나라마다 다르니 드라이어가 고장 날 우려가 있어. 드라이어를 하나 더 가져갈까?"

이렇게 하면 드라이어가 두 개가 된다. 이런 식으로 쓸데없는 걱정을 하면 짐이 늘어날 뿐이다. 캐리어의 짐뿐만 아니라 마음의 짐도 늘어나게 된다. 이럴 바에야 현지에서 드라이어를 하나 더 구입하는 편이 낫다.

만약을 위해 칫솔도 넣고, 치약도 넣고 하나둘씩 짐을 늘리다 보면 이사 가는 사람처럼 캐리어만 몇 개가 된다.

"캐리어를 잃어버리면 어떡하지?"

미래에 대한 걱정까지 하면 기내에 가져가는 가방에도 드라이어와 치약을 넣는 사태가 발생한다. 이런 상황이 머릿속에서 일어나는 것이 쓸데없는 고생이다.

아직 일어나지 않은 미래, 그때 하게 될 고생에 대한 대책을 세우는 사람은 쓸데없는 것에 전력을 쏟지 않는다.

쓸데없는 고생에 쏟을 힘이 있다면 현재 하고 있는 고생에 힘을 쏟는 편이 낫지 않을까? 그런 사람이 진정한 일류이고, 성공의 자리로 올라가는 사람이다.

●○●────────────────

고생의 합계는 같다,
현재에 최선을 다하라

57

바깥 신경 쓸 시간에
내 결정을 실행하라

다른 이의 시선을 끝없이 신경 쓰는 사람

"나를 이렇게 생각하면 어떡하지?"

"나를 이런 식으로 보면 어떡하지?"

하나부터 열까지 다른 사람의 시선을 신경 쓰는 사람이 있다. 자의식이 없는 사람이다.

"상사가 나를 싫어하면 어떡하지?"

"고객이 불만을 제기하면 어떡하지?"

"클라이언트가 계약하지 않겠다고 하면 어떡하지?"

모든 신경이 상사나 고객 등 다른 사람에게 향하고, 자기 자신이 걱정되어 견딜 수 없는 상태를 자의식과잉이라고 한다.

자의식과잉에 빠진 사람에게는 몇 가지 특징이 있는데, 지나칠 정도로 잘난 척하거나 모든 사람이 자신을 의식한다고 생각한다.

나의 주인은 언제까지고 내가 되어야 한다

예를 들어 길에 사람이 쓰러져 있다고 해보자.

"큰일이다! 구급차를 불러! AED자동심장충격기를 가져와!"

쓰러진 사람을 구하고는 싶지만 자신은 AED를 사용해본 적이 없다.

AED를 제대로 사용하지 못해서 사람을 구하는 데 실패했을 때 다른 사람들로부터 "당신이 제대로 했다면 그 사람이 살았을 거야!"라는 말을 들을까 전전긍긍하는 것이 자의식과잉이다. 하지만 사람이 쓰러졌을 경우 이렇듯 자의식과잉에 빠져 쓸데없는 생각을 해서는 안 된다. 그럴 시간이 없다. 일단 앞으로 나서야 한다.

"누가 좀 도와주십시오. 당신은 구급차를 불러 주시고, 당신은 근처를 돌아다니며 AED를 구해오십시오."

심장 마사지를 할 수 있는 사람을 찾아서 즉시 심장 마사지를 시작하거나, 구경꾼 중 도와줄 수 있는 사람을 찾는 것이 바로 당사자의식이다.

자의식과잉인 사람과 당사자의식을 가진 사람 모두 스트레스를 받는다. 하지만 그 종류는 엄연히 다르다. 자의식과잉인 사람이 이류의 스트레스를 받는다면, 당사자의식을 가진 사람은 일류의 스트레스를 받는다.

중요한 것은 구경꾼 사이를 빠져나와 당사자의식을 갖는 일이다.

그것만으로 당신은 이류에서 벗어나 일류가 될 수 있다.

●○○ ──────────────────

내 주인은 나다,
남 신경 쓰지 말고 움직여라

58

분한 마음, 찔끔찔끔 말고
한 번에 분해하라

찔끔찔끔 분해하면?

일하다 보면 분하고 억울한 일을 당할 때가 있다. 자신의 아이디어를 상사에게 빼앗길 때도 있고, 라이벌 기업에게 중요한 계약을 빼앗길 때도 있다.

이런 경우에 어떻게 행동하느냐에 따라서 일류와 이류로 나누어진다.

분한 일이 생겼을 때 이류는 찔끔찔끔 분해한다. 술집에서 술을 마시며 후배에게 "그건 말이야…." 주저리주저리 말하기 때문에 분한 마음이 계속 이어진다. 찔끔찔끔 분해하는 건 수돗물이 한 방울씩 뚝뚝 떨어지는 것처럼 답답한 일이다. 분한 마음을 모두 토해낼 수 없고, 아무리 오랜 시간이 흘러도 스트레스에서 벗어날 수 없다.

이럴 때는 차라리 마음껏 분해하는 게 좋다. 마음에 쌓인 스트레스를 모두 털어내고 하룻밤 푹 자고 일어나면 되는 일이다.

'분해'는 마음 건강에 좋은 일이다. 분해하지 않고 쌓아만 두면 사람은 성장하지 못한다.

한 번에 분해하면?

여기서 중요한 점은 분한 마음을 다음날까지 질질 끌지 말아야 한다는 점이다. 다음날에는 분한 마음을 깨끗하게 떨쳐내고, 그 마음을 자신의 문제를 개선하는 데 써야 한다.

찔끔찔끔 분해하는 사람은 "저는 분하지 않습니다"라고 말한다. 그런 식으로 말하면 가슴 깊은 곳에 숨어 있는 분한 마음이 빠져나가지 못한다. 분할 때는 분하다고 딱 잘라 말하는 게 더 좋다.

질투도 마찬가지이다. 질투가 나면 질투가 난다고 솔직하게 말해야 한다.

"저는 원래 질투 같은 건 없습니다."

"하나도 부럽지 않습니다."

이렇게 말하는 사람일수록 가슴속에 쌓인 울분을 처리하지 못해 인터넷에 험담을 쓰곤 한다. 오히려 분하다고 딱 잘라 말하는 사람은 그렇게 하지 않는다.

"당신이 부러워 죽겠어!"

"당신에게 질투를 느껴!"

상대는 이렇게 말하는 사람을 오히려 기분 좋게 받아들인다. 그 결과 서로에게 소중한 사람이 될 수도 있고, 가장 친한 친구가 될 수도 있다.

마음껏 분해하라,
속 시원히 잊어라

59

○

더 새로운 일에서
실패하라

익숙한 일 vs 새로운 일

이류는 되도록 실패하고 싶지 않다. 그래서 상사가 "A와 B 중에 어느 쪽으로 할래?"라고 물어보면 반드시 예전에 했던 쪽을 선택한다. 과거에 경험했던 일은 실패할 확률이 적기 때문이다. 안전하게 먹을 수 있는 파이를 선택한다.

그런데 여기에서 괴로운 일이 발생한다. 과거에 경험해서 잘 알고 있는 쪽을 선택했음에도 실패하는 것이다. 그러면 육체와 정신에 깊은 상처가 남게 되고 다른 사람에게 위로가 아닌 비난을 받게 된다.

"지난번에 했었잖아? 그런데도 그걸 못 해?"

반면 일류는 잠시도 망설이지 않고 처음 하는 일을 선택한다. 어느 쪽이 더 쉬울지 어려울지는 따지지 않는다. 실패하더라도 새로운 일에서는 많은 걸 배울 수 있기 때문이다.

계속 시도하는 삶을 살다 보면 인생은 더욱 풍부해진다. 한 번 앞으로 나아간 사람만이 또 나아갈 용기를 낼 수 있다.

이미 경험했던 일에서 실패하면, 그곳에서는 아무것도 배울 게 없고 성장으로도 이어지지 않는다. 똑같은 스트레스를 받을 바에야 배울 수 있고 성장할 수 있는 쪽을 선택해야 하지 않을까?

"처음 하는 일을 얼마나 많이 했는가?"

"오늘 처음 하는 일은 무엇이었는가?"

이것을 통해 그 사람이 일류인지 이류인지를 알 수 있다.

처음 하는 일을 두려워마라,
더 무서운 건 똑같은 실수를 반복하는 일이다

60

○

'그런 방법도 있었지'라고
생각하라

그렇게 하지 말걸!

일이 잘되지 않았을 때의 반응을 보면 누가 일류이고 누가 이류인지 알 수 있다.

이류는 "그렇게 하지 않았으면 좋았을걸"하고 후회한다. 그리고 어느 순간에 '그렇게'라는 단어는 사라지고 다음과 같이 말을 바꾼다.

"처음부터 그 일을 하지 않았으면 좋았을걸!"

애인과 헤어지게 되었다고 가정하자.

"그 사람에게 그때 그런 말을 하지 않았으면 좋았을걸"하는 생각이 어느 순간, "애초에 그 사람을 만나지 않았으면 좋았을걸"이라는 말로 변하면서 생각의 흐름이 점점 과거로 거슬러 올라간다. 이윽고 애초에 태어나지 않았으면 좋았겠다고 극단적인 생각까지 하게 된다. 이것은 정신적인 자살이나 마찬가지다.

이렇게 되면 인생 자체가 문제투성이로 남게 된다. 인생은 선택의 연속이기 때문에, 그 선택을 부정하면 결국 인생 자체를 부정하게 된다.

그래, 그런 방법도 있었지!

일이 잘되지 않았을 때도 일류는 완전히 다르게 반응한다.

"아하! 이런 방법도 있었군."

"그래! 그런 방법도 있었구나."

"다음에는 저런 방법을 사용해봐야지."

항상 이런 식으로 생각하기 때문에 실패도 다음 기회로 이어질 수 있다. 진정한 일류는 애인과 헤어졌을 때 '왜 헤어졌는지' 그 이유에 주목하고 앞으로 다른 사람과 더 나은 관계를 만들어 나가기 위한 중요한 열쇠로 삼는다. 나에 대해서도, 내가 만드는 관계에 대해서도 배우는 계기로 삼는다.

일이 잘되지 않았을 때 사람은 두 가지 유형으로 나누어진다.

"그렇게 하지 않았으면 좋았을걸"하고 생각하는 사람과 "그런 방법도 있었군"하고 생각하는 사람이다.

연애에서도, 일에서도, 인생에서도 일이 잘되지 않았을 때는 "그런 방법도 있었군"하는 식으로 생각하는 편이 좋다. 그러면 자신의 수준을 한 단계 더 높일 수 있게 된다.

●○● ────────────────────────

내 생각은 어떤 물결을 타고 흐르는가?

61

남에게는 관대하고,
나에게는 까다로워라

다른 이의 반응을 신경 쓰는 일

페이스북이나 인스타그램 등 SNS에 주로 등장하는 글을 보면 자기 자랑과 남에 대한 평가가 대부분이다.

"사람들은 나를 어떻게 볼까?"

"사람들은 이것에 대해 어떻게 생각할까?"

그렇게 생각하며 자신이 먹은 음식이나 구매한 물건, 다녀온 장소 등을 올린다. 그 후에는 좋아요, 댓글 등 다른 사람의 평가를 기다리며 그들의 평가에 마음이 일희일비한다.

"오늘 미슐랭 가이드 별 세 개짜리 레스토랑에 다녀왔습니다"라고 하면서 페이스북에 사진을 올렸다고 하자. 그런데 갑자기 악플이 쇄도한다.

"자랑하려고 갔군."

"이런 걸 자랑하다니, 정말 한심하다니까."

이번에는 변두리 소박한 식당에 가서 "이런 곳에 다녀왔습니다"
라고 페이스북에 사진을 올렸다고 하자. 그런데 이번에도 어김없이
악플이 달린다.

"일부러 소박한 척하네."

"그렇게 허름한 곳에 가고 싶냐?"

어느 쪽을 선택해도 악플이 달린다. 남의 평가를 받으려고 하거나
남의 부러움을 사려는 마음이 악플을 부르는 것이다.

자신을 평가하는 기준이 높은 사람

이 세상에는 두 가지 기준이 존재한다. 남을 평가하는 기준과 자
신을 평가하는 기준이다.

남을 평가하는 기준이 높은 사람은 대부분 자기를 평가하는 기준
이 낮다. 자기에게는 한없이 관대하고 남에게는 한없이 까다로운
사람이다. 이런 사람은 사소한 일에도 발끈하며 스트레스를 받는다.

반면에 남을 평가하는 기준이 낮은 사람은 자기를 평가하는 기준
이 높다. 남에게는 한없이 관대하고 자기에게는 한없이 까다로운
사람이다. 이런 사람은 남들이 뭐라고 하든 신경 쓰지 않기 때문에

스트레스에 시달리지 않는다.

최고의 육상선수는 기록이 잘 나와 매스컴이 떠들썩할 때도 이렇게 대답한다.

"아직 멀었습니다. 조금 더 연습하면 기록을 앞당길 수 있습니다."

세상의 평가보다 자신의 평가에 신경을 쓰기 때문이다.

배우는 작품의 평가가 마음에 걸리고, 운동선수는 스포츠 신문의 기사가 마음에 걸린다. 그래서 감독에 따라서는 스포츠 신문을 못 보게 하기도 한다.

이런 일에 휘말리지 않기 위해서는 남을 평가하는 기준보다 자기를 평가하는 기준을 높여야 한다. 자신의 기준만 명확하다면 다른 건 마음 쓰지 않아도 된다. 남의 시선이 어떻든 스스로를 날카롭게 지켜보는 사람이 진정한 일류다.

● ○ ○ ──────────────────────────

자신을 평가하는 기준을 높여라

62

안 해도 되는 일도 하라

안 해도 되는 일을 한다면?

일할 때 시간이 많이 드는 것도 스트레스 중 하나다. 자칫하면 장시간 노동으로 이어질 수 있고 언제 일이 끝날지 눈앞이 깜깜하기 때문이다.

상사가 어떤 일을 시켰다고 가정하자. 그런데 문득 새로운 아이디어가 떠올랐다. 그 일에 아이디어를 적용하면 결과가 더 좋아질 수도 있다. 다만 한 가지, 그 아이디어를 적용하면 시간도 오래 걸리고 노력도 많이 든다. 어쩌면 밤을 새워야 할지도 모른다. 상사가 특별히 아이디어를 추가하라고 지시하지도 않았다. 따라서 아이디어는 적용해도 되고 적용하지 않아도 된다.

이렇듯 일을 하다 보면 '해도 되고 안 해도 되는 일'이 생긴다. 그 일을 한다고 해서 결과가 좋아지는 것도 아니고, 안 한다고 해서 딱히 결과가 나빠지는 것도 아니다.

이럴 때 어떻게 하느냐! 이에 따라 일류가 될 수도 있고, 이류가 될 수도 있다.

이런 경우, 이류는 '안 해도 된다'를 선택하고, 일류는 '해도 된다'를 선택한다. 그 일을 해도 자신의 평가가 올라간다는 보장도 없는데, 일류는 '안 해도 되는 일'을 끝까지 해낸다. 그렇게 한다고 해서 누가 칭찬해주지도 않는데 말이다.

반면 이류는 새로운 아이디어를 뒤로 미루고 편안해지려고 한다. 자기를 평가하는 기준이 높은 사람은 '해도 되고 안 해도 되는 일'을 얼마나 많이 하느냐에 목숨을 건다. 이를 통해 자기긍정감을 높여나간다. 이게 바로 '수고'다. 수고를 할 줄 아는 사람은 스트레스를 즐겁게 받아들이며 성장의 문을 향해 성큼 다가설 수 있다.

●○○ ──────────────────────────

안 해도 되는 일까지 해내는 사람이 되자

63

뒤로 미루지 마라,
그 즉시 거절하라

일을 뒤로만 미루는 사람

이류는 언제까지 끝내야 하는 일이 있을 때, 최대한 뒤로 미룬다. "딱히 급하지 않습니다"라는 조건이 붙으면 더욱 미루게 된다.

뒤로 미루려고 하면 웬만한 일은 거의 미룰 수 있다. 하지만 일을 계속 뒤로 미루다 보면 "아직 일이 남아 있다"는 스트레스에서 벗어날 수 없다.

"이 쓰레기를 버릴까 말까? 아직 쓰레기통이 절반밖에 안 찼으니 나중에 버리지 뭐."

쓰레기 버리는 일을 뒤로 미루면, 그 이후에도 "아직 80%밖에 안 찼어. 20% 더 들어가니까 괜찮아!"라고 쓰레기를 버리지 않는다.

마침내 쓰레기통에 쓰레기가 100% 차면 이렇게 말한다.

"괜찮아. 밟으면 더 들어가."

이런 식으로 한 가지 일을 미루는 사람은 사소한 일도 뒤로 미루게 된다.

거절하지 못하는 사람

일을 뒤로 미루지 않는 비결은 쓰레기가 생기자마자 버리는 것이다. 쓰레기가 발생한 순간 갖다버리고, 신문을 다 본 순간 쓰레기장에 내놓는다.

이류가 모든 일을 뒤로 미루는 이유 중 하나는 거절하지 못하기 때문이다. 거절하지 못해서 일을 받아놓고 일단 뒤로 미룬다.

"다음 주 목요일에 스태프와 함께 식사하지 않겠습니까?"라는 초대 메일을 받았다고 하자. 그런 경우에 이류는 일단 거절하지 않고 생각해본다.

"별로 가고 싶지는 않지만 만약에 거절했다가 이상한 사람이라고 소문나면 어떡하지?"

그래서 딱 부러지게 거절하지 못하고 이런 식으로 답장을 보내며 뒤로 미룬다.

"그때 스케줄이 하나 있을 것 같은데, 어떻게 될지 모르니까 잠시만 기다려주시겠습니까?"

상대 쪽에서 보면 인원수에 맞춰 예약해야 하기 때문에, 참석할 수 없으면 참석할 수 없다고 빨리 말해주는 편이 좋다.

결국 만나기로 한 날짜 직전에 거절하면 두 가지 마이너스 결과가 나타나게 된다. 그때까지 기다렸던 상대도 스트레스에 시달리고, 자신도 이류의 스트레스에 시달리게 된다.

일류는 초대 메일을 받았을 때 "고맙지만 그때는 일이 있어서 참석할 수 없습니다"라고 확실하게 거절한다. 물론 거절할 때에도 분명 스트레스는 있다. 하지만 뒤로 미루는 스트레스보다는 거절하는 스트레스를 선택하는 사람이 일류라고 할 수 있다.

뒤로 미루는 만큼 늘어나는 건
내 스트레스뿐이다

더 긴장하는 게
진정한 릴랙스의 길이다

모든 분야에서 가장 어려운 건 힘을 빼고 자연스럽게 상황을 맞이하는 일이다.

운동 경기를 응원하기 위해 "릴랙스! 릴랙스!" 소리치는 경우가 있다. 그 말을 들은 선수들은 이렇게 되받아치고 싶지 않을까?

"릴랙스하는 게 쉬운 줄 알아? 그렇게 쉽다면 당신이 해봐."

억지로 힘을 빼려고 하면 오히려 힘이 들어가는 법이다.

하지만 릴랙스하는 법은 은근 간단하다. 일단 몸에 힘을 가득 준 다음 즉시 빼면 된다. 릴랙스는 긴장한 다음에 생겨나는 마음이기 때문이다.

"긴장했니? 어깨가 올라가 있어."

그 말을 들으면 긴장하는 마음만 더 커질 뿐이다. 반면 최대한 어깨를 더 올라가게 한 다음 힘을 빼면 신기하게도 어깨는 저절로 내려가게 되어있다.

잠자리에 누웠을 때 즉시 잠드는 사람이 있고 이리저리 뒤척이며 잠을 이루지 못하는 사람이 있다. 즉시 잠들지 못하는 건 교감신경이 흥분해서 온몸이 예민해져 있기 때문이다.

하지만 방금까지 일하던 사람이 갑자기 힘을 뺄 수는 없다. 전속력으로 달리던 사람이 침대에 누웠다고 바로 잠들 수는 없지 않은가?

그런 경우 힘을 뺄 수 있는 좋은 방법이 있다. 온몸에 힘을 잔뜩 넣었다가 다시 빼는 동작을 세 번 반복하면 된다.

롤러코스터에서 일어나는 사람의 얼굴을 본 적이 있는가? 그토록 비명을 지르고 얼굴을 찡그렸던 사람이 맞나 의아할 만큼 얼굴이 편안해 보인다. 귀신의 집에서 나오는 사람도 마찬가지다. 극도의 긴장 상태에 있었기에 환하게 웃을 수 있는 것이다. 바꿔 말하면 극도의 스트레스를 느끼는 사람이 진정한 릴랙스를 경험할 수 있다는 게 아닐까?

우리 모두 스트레스를 피하지 말자. 대신 즐겁게 맞이하자. 그것이 성장하는 길이고, 인생의 풍요로움을 맛보는 길이다.

스트레스의 재발견

초판 1쇄 발행 2019년 7월 20일

지은이 　나카타니 아키히로

옮긴이 　이선희
펴낸이 　윤석진
펴낸곳 　도서출판 작은우주
주소 　서울특별시 마포구 월드컵로4길 77, 389호 (동교동, ANT빌딩)
출판등록일 　2014년 7월 15일 (제25100-2104-000042호)
전화 　070-7377-3823
팩스 　0303-3445-0808
이메일 　book-agit@naver.com

편집 　이룸
디자인 　Morandi : 아름
총괄영업 　김승헌

ISBN 979-11-87310-25-9 03320